KT
Kaiser Taschenbücher
151

Wie ich mich geändert habe

Herausgegeben von Jürgen Moltmann

mit Beiträgen von

Norbert Greinacher
Eberhard Jüngel
Hans Küng
Johann Baptist Metz
Elisabeth Moltmann-Wendel
Jürgen Moltmann
Philip Potter
Dorothee Sölle
Jörg Zink

Chr. Kaiser

Die Deutsche Bibliothek – CIP-Einheitsaufnahme

Wie ich mich geändert habe / hrsg. von Jürgen Moltmann.
Mit Beitr. von Norbert Greinacher … – Gütersloh : Kaiser, 1997
(Kaiser-Taschenbücher ; 151)
ISBN 3-579-05151-2
NE: Moltmann, Jürgen [Hrsg.]; Greinacher, Norbert; GT

ISBN 3-579-05151-2

Umschlaggestaltung: Ingeborg Geith, München
Satz: Weserdruckerei Rolf Oesselmann GmbH, Stolzenau
Druck und Bindung: Clausen & Bosse, Leck
Gedruckt auf chlorfrei gebleichtem Werkdruckpapier
Printed in Germany

Inhalt

Begrüßung

Jürgen Moltmann

Die Idee für dieses Symposium unserer theologischen Generation stammt von meiner Frau. Wir haben sie schon seit Jahren in unseren Herzen bewegt und freuen uns, daß sie heute Wirklichkeit wird. Wir sind mehr als dankbar, daß ausnahmslos alle, die wir eingeladen haben, unsere Einladung angenommen haben. Wir vermissen schmerzlich unseren Freund *Fred Herzog*, Duke University, Durham, North Carolina, der im September 1995 ganz unerwartet starb. Wir begrüßen es um so mehr, daß seine Frau Kristin Herzog gekommen ist. *Wolfhart Pannenberg*, der ganz wesentlich zu unserer theologischen Generation gehört, mußte leider kurzfristig wieder absagen. Vorgestern erlitt *Hans-Eckehard Bahr* einen Kreislaufkollaps und grüßt vom Krankenbett aus diese Versammlung.

Wozu dieses Symposium? Wir wollen auf die letzten, mehr oder weniger dreißig Jahre zurückblicken und uns fragen, was aus unseren neuen Ansätzen nach Barth und Rahner, nach Bultmann und Tillich oder wer immer unsere Lehrer waren, geworden ist. Mit welchen Erwartungen haben wir seinerzeit angefangen? Warum haben wir auf die Herausforderungen der Zeit so verschieden reagiert? Was hat unsere Perspektiven der Theologie in diesen Jahren geändert oder nun gerade unverändert gelassen? Und welche ungelösten Probleme hinterlassen wir der nächsten theologischen Generation? Welche Fragen bewegen uns heute elementar, und welche Fragen haben wir aneinander? Hier ist die Gelegenheit, sie zu stellen und zu beantworten. Wir haben bewußt auch nicht an akademischen Fakultäten arbeitende Theologinnen und Theologen eingeladen, denn wir sind überzeugt, daß Theologie nicht nur an Universitäten gemacht wird.

»*Wie ich mich geändert habe*« – das ist natürlich eine schwache Übersetzung der alle zehn Jahre wiederkehrenden Umfrage von CHRISTIAN CENTURY in Chicago, für die manche von uns geschrieben haben. Es steht aber auch die bekannte Keuner-Story von Bert Brecht dahinter: Herr Keuner traf nach vielen Jahren einen alten Bekannten auf der Straße: »Sie haben sich aber gar nicht verändert«, begrüßte dieser ihn. »Und Herr Keuner erbleichte.« Wir werden sehen, wer von uns »erbleichen« wird!

Wir danken Herrn Janowski, daß er die Moderation dieses Symposiums übernommen hat. Wir werden vor allem seinen Zeitansagen folgen, damit er sich nicht wie ein Dompteur in einem Raubtierkäfig vorkommt. Wir haben drei Gesprächsrunden von jeweils eineinhalb Stunden vorgesehen. Die Teilnehmer auf dem Podium haben je 20 Minuten Zeit für ihre theologische Kurzbiographie und ihre theologische Botschaft. Danach haben wir jeweils eine halbe Stunde Zeit für Kreuz- und Querfragen auf dem Podium und aus dem Auditorium. Die letzte Runde findet in einem Hörsaal des Kupferbaus vor dem Fernsehen statt. Ich danke Ihnen, daß Sie so zahlreich gekommen sind, und wünsche Ihnen und uns, daß unsere Erwartungen übertroffen werden. Die Gelegenheit ist günstig, die Chance ist einmalig!

1. Runde

Eberhard Jüngel
Jürgen Moltmann
Dorothee Sölle

Eberhard Jüngel

Meine Damen und Herren! Sie sehen mich einigermaßen bleich, und zwar nicht nur, weil die Nacht kurz war. Sie sehen mich einigermaßen bleich, weil ich mich in der Tat relativ wenig, ja fast nicht geändert habe. Ich bin der verwegenen Meinung, daß meine Lehrer noch immer etwas mehr zu sagen haben als ich und daß das Potential ihrer Theologie noch nicht ausgeschöpft ist. Deshalb kann ich, obwohl sich nicht geändert zu haben ein Tadel und Unveränderlichkeit (immutabilitas) nicht einmal für Gott ein Kompliment zu sein scheint, nicht gut Rechenschaft geben über mich betreffende Änderungen. Aber es gibt eine Reihe von unvergeßlichen Situationen, Begegnungen, Erfahrungen, die mich erkennbar beeinflußt und geprägt haben und ohne die ich, wenn mich nicht alles täuscht, heute nicht der wäre, der ich nun einmal bin. Und von ihnen soll, wenn Sie mir trotz der Fehlanzeige in puncto Selbstveränderung noch zuhören wollen, jetzt die Rede sein.

Dabei beschränke ich mich auf meine *theologische Existenz.* Sie ist zwar weitgehend mit meinem täglichen Leben identisch. Doch auch im Leben eines Theologen gibt es mehr als das, was von öffentlichem Interesse ist. Daß ich z.B. im Laufe der Zeit ein einigermaßen passabler Koch geworden bin, hat zwar eine ausgesprochen politische Ursache, die aber, solange sie unter den Folgen meiner Kochkunst nicht zu leiden haben, nicht einmal meine Gäste interessieren dürfte. Die sich in Europa immer mehr durchsetzende Auffassung, daß alles im Leben eines Menschen von allgemeinem Interesse sei und deshalb öffentlicher Berichterstattung zugänglich zu sein habe, halte ich für eine – vermutlich aus dem das Privatleben des Christenmenschen ausspionierenden Calvinismus hervorgegangene – gefährliche Verkennung der personalen Würde des Menschen, der nun einmal mehr ist als das, was über ihn publiziert zu werden verdient. Individuum est ineffabile. Gott sei Dank!

Das Ereignis oder vielmehr die Kette von Ereignissen, die mich in letzter Zeit stärker als alles andere bewegt hat, ist ein eminent politisches Geschehen, ist der Zusammenbruch des »real existierenden Sozialismus«. Ich wurde durch diese auch in die Geschichte Deutschlands tief eingreifenden Vorgänge gewahr, wie bleibend mich die einstigen Erfahrungen in der DDR geprägt haben. Folglich muß ich bei dem Versuch, meine theologische Existenz auf ihre Identität hin zu mustern, wohl oder übel auf diese meine Anfänge zurückkommen.

In meinem Elternhaus war »Religion« nicht gefragt, und mein Wunsch, Theologie zu studieren, stieß auf die besorgte Verwunderung meiner Mutter und die entschiedene Ablehnung meines Vaters. Daß ich dennoch bei meiner Absicht blieb und sie schließlich realisierte, kann zwar auch aus der zweifellos pubertären Opposition des Sohnes gegen die väterliche Autorität erklärt werden. Aber doch nicht nur! Es gab eine tiefer reichende Erfahrung, die für meine Entscheidung ausschlaggebend war und von der ich bis zum heutigen Tag bestimmt werde. Und das war die Entdeckung der evangelischen Kirche als des einzigen mir damals zugänglichen Ortes innerhalb der stalinistischen Gesellschaft, an dem man ungestraft die Wahrheit hören und sagen konnte. Vielleicht galt das auch noch für das Kabarett, zumindest für ein besonders mutiges und besonders hinterlistiges. Das Kabarett und die Kirche haben in der sozialistischen Gesellschaft ja so etwas wie eine Narrenrolle gespielt. Und der Narr ist eben mitunter der einzige, der in einer verlogenen Gesellschaft auf närrische Weise Wahrheit zu sagen vermag. Welch eine befreiende Erfahrung war das angesichts der in der Schule herrschenden ideologisch-politischen Tyrannei! Freunde wurden verhaftet, ich selber wurde mehrfach vom Staatssicherheitsdienst verhört und vor Gericht gebracht – nur weil wir zu sagen wagten, was wir dachten. Unmittelbar vor dem Arbeiteraufstand 1953 wurde ich einen Tag vor dem Abitur als »Feind der Republik« vom Gymnasium ent-

Eberhard Jüngel

fernt. Die Mitschüler wurden aufgefordert, jeden Kontakt mit uns sofort abzubrechen. Als ich die Aula der Magdeburger Humboldt-Schule, in der freilich nun ein ganz anderer Geist als der humboldtsche herrschte, verließ, wendeten sich die aufrechten unter den Lehrerinnen und Lehrern in hilflosem Schweigen ab – eine symbolträchtige Szene, in der mir blitzartig die Wahrheit der ciceronischen Sentenz aufging, die uns dieselben Lehrer eingebläut hatten, nämlich: cum tacent, clamant: indem sie schweigen, klagen sie. In der christlichen Kirche jedoch war man so frei, das bedrückende Schweigen und den sich immer stärker bemerkbar machenden Zwang zur Lüge zu durchbrechen. Hier wagte man es, die Wahrheit des Evangeliums zu bezeugen, und zwar konkret in der politischen Situation so zu bezeugen, daß die befreiende Kraft dieser Wahrheit auch sehr weltlich, auch sehr politisch erfahrbar wurde. Ihr werdet die Wahrheit erkennen, und die Wahrheit wird euch frei machen (Joh 8,32). Dieser Satz des Neuen Testamentes ist mir seitdem einer der liebsten.

Wenn man nun heute das ganze System von damals wie ein zusammengebrochenes Kartenhaus vor sich sieht und das alles zu analysieren beginnt und fragt, woran denn dieser »real existierende Sozialismus« letztlich gescheitert ist, dann sollte man als entscheidende Ursache dessen *objektive Verlogenheit* ernst nehmen. Weit entfernt, einem prinzipiellen Antisozialismus das Wort zu reden, kann ich doch nicht die Augen davor verschließen, wie verlogen die sozialistischen Ideale machtpolitisch ins Werk gesetzt worden waren. Über die sozialistischen Ideale läßt sich reden. Doch dazu gehört auch die Möglichkeit der Widerrede. Und eben diese war nicht gestattet. Das von der Partei beanspruchte und mit Staatsgewalt durchgesetzte Wahrheitsmonopol richtete sich gegen die Wahrheit selbst und erzeugte eine Pervertierung des Denkens, der auch die Täter zum Opfer fallen mußten. Der Zwang, mit der Öffentlichkeit zugleich auch sich selbst zu belügen, beherrschte alle Bereiche des gesellschaftlichen Lebens – bis in die ökonomischen Entscheidungen hinein. Und es mußte deshalb wie eine Revolution wirken, als Gorbatschow »Glasnost«, Klarheit, Durchsicht, Wahrheit zu fordern begann.

Was das alles mit meinem theologischen Denken zu tun hat? Nun auf jeden Fall soviel, daß ich aufgrund jener Erfahrungen mit der Kirche, in denen mir diese als Institution befreiender Wahrheit begegnet war – väterliches Veto hin, väterliches Veto her –, Theologe wurde und dies bis heute nicht ernsthaft bereut habe. Als meine lieben Kollegen Johann Baptist Metz und Jürgen Moltmann und meine – sit venia verbo – Freund-Feindin oder Feind-Freundin Dorothee Sölle später das Unternehmen einer »politischen Theologie« starteten und zu großer Wirkung brachten, bestand ich aufgrund jener Erfahrungen darauf, daß die politische Relevanz des christlichen Glaubens zuerst und zuletzt in dessen Wahrheitsfähigkeit und Wahrheitsverpflichtung besteht. Die der Kirche aufgegebene politische Tat hat vor allem das Ziel, der Wahrheit zum Recht zu verhelfen.

Weitergehende Postulate habe ich im europäischen Kontext deshalb zunächst mit einer gewissen Zurückhaltung verfolgt, weil ich in einer Programmatik, die jeden Christen auf eine und nur eine ganz bestimmte politische Option theologisch verpflichten oder gar die sozialistische Revolution zum theologischen Prinzip erheben wollte, eine erneute politische Entmündigung witterte, sozusagen eine Klerikalisierung der Gesellschaft von links. Andererseits begegneten mir die Anhänger der »politischen Theologie« in den konkreten Fällen des wirklichen Lebens mitunter viel zu abstrakt: Sie schienen mir Konkretheit in Gestalt von allerlei Aktionismus eher zu simulieren. So stellte sich mir die Sache jedenfalls zunächst einmal im europäischen Kontext dar. Doch die Bedeutung, die die »Theologie der Befreiung« im Kontext der skandalösen sozialen Ungerechtigkeit in der sogenannten Dritten Welt und im Kontext des südafrikanischen Rassismus gewann, belehrte mich eines besseren. Die unermeßliche Scham, die ich als Weißer in südafrikanischen townships empfand, hat mich vollends davon überzeugt, daß es auch den Christen erlaubt und sogar geboten sein kann, dem System des Unrechts und der Ungerechtigkeit nicht nur mit Gedanken und Worten, sondern auch mit Werken, also notfalls auch mit Gewalt, entgegenzuwirken. Dazu muß der Glaubende sich allerdings *in eigener, in individueller Ver-*

antwortung entschließen. Zur Gewalt darf man theologisch nicht von anderen genötigt werden, sondern das muß dann eine ureigene freie Entscheidung sein.

Irritiert hat mich allerdings in diesem Zusammenhang, daß so etwas wie eine Theologie der Befreiung für die unterdrückten Menschen in der Welt des »real existierenden Sozialismus« offensichtlich nicht in Betracht gezogen worden war. Daß man sich auch am Sitz des Weltkirchenrats in Genf, wo man doch das Unrecht in anderen Weltgegenden so tapfer beim Namen nannte und sogar Widerstandsbewegungen tatkräftig unterstützte, gegenüber den Verhältnissen z.B. in Rumänien bis zuletzt blind stellte, ist ein ökumenischer Skandal, der aufgrund der Diplomatie gegenüber den orthodoxen Kirchen zwar erklärlich, aber nicht verzeihlich ist. Und man kann nur hoffen, daß dieser dunkle Schatten nicht die unbestreitbaren hohen Verdienste der Ökumene verdunkeln wird.

So wenig mich die politischen Verwirklichungen des Marxismus beeindrucken konnten, so sehr stellte doch nun der *Atheismus*, auf den die marxistische Theorie ihre Anhänger verpflichtete, eine mich bis heute beschäftigende Herausforderung dar. Schon dies ist nachdenkenswert, daß sich die Menschen in der DDR von der atheistischen Option des Marxismus offensichtlich eher beeindrucken ließen als von seiner machtpolitischen und ökonomischen Gestalt. Wurde hier unter politischem Druck nur noch zutage gebracht, wofür der Boden längst schon bereitet war? Die große Zahl der keiner Religionsgemeinschaft angehörenden Deutschen jenseits der Elbe spricht jedenfalls für sich. Doch auch ganz unabhängig von aller Statistik: Die Begegnung mit dem Atheismus hat mein Denken von Beginn meiner Lehrtätigkeit an nachhaltig provoziert.

Apropos Lehrtätigkeit: Zum theologischen Hochschullehrer bin ich buchstäblich über Nacht durch den Bau der Berliner Mauer geworden. Als Erich Honecker im Auftrag Walter Ulbrichts die Berliner Mauer hochzog und damit die deutsche Spaltung regelrecht zementierte, waren die in Ostberlin wohnenden Studenten der Kirchlichen Hochschule von ihren in Westberlin residierenden Professoren abgeschnitten. Um den dadurch entstandenen Notstand zu beheben, berief mich der spätere Bischof Kurt Scharf in das theologische Lehramt. Ich war erst wenige Wochen zuvor zum Doktor der Theologie promoviert worden und folglich denkbar schlecht vorbereitet. Freund Hermisson ging es nicht anders, und auch dem derzeitigen Magdeburger Bischof, Freund Demke, ist dasselbe widerfahren. Es begann die Zeit harter Lukubrationen. Was waren das für Nachtarbeiten! Oft wußte ich abends noch nicht, was ich am nächsten Morgen vortragen würde. Doch nicht nur Kreuzberger Nächte, auch akademische Nächte sind lang. Die Theologie, die auf diese Weise entstand, würde man heute wohl »kontextuell« nennen. Sie war es insofern, als ich mich fragte, wie die Rede von Gott in der atheistisch geprägten Situation ihre Wahrheit erweisen kann. Den Atheismus einfach zu verteufeln oder als Pseudoreligion zu entlarven, erschien mir zu billig. Ich fühlte mich vielmehr verpflichtet, den Atheismus besser zu verstehen, als dieser sich selbst verstand, und versuchte, ihm theologisch auf den Grund zu gehen. Darin weiß ich mich mit Frau Sölle nach wie vor einig, daß das dunkle Wort vom Tode Gottes ein genuin theologisches Wort ist. Dabei wurde mir bald deutlich, daß sich im Ostblock nur auf äußerst intolerante Weise manifestierte, was in sehr viel sublimerer Weise die moderne und postmoderne Welt überhaupt bestimmte. Bei genauerem Zusehen erkannte ich, daß nicht einmal Religion und Atheismus sich gegenseitig ausschließen müssen. Der atheistische Grundzug des Zeitalters scheint also etwas anderes zu sein als die von Bonhoeffer diagnostizierte Religionslosigkeit. Hatte nicht Schleiermacher schon bemerkt, »daß eine Religion ohne Gott besser sein kann als eine andere mit Gott«? Die in den letzten Jahren neu erwachte Religiosität – in Europa handelt es sich ja weithin um eine religio vagans, um eine vagabundierende Form von Religion – sollte also nicht in vorschneller Apologetik als Überwindung des Atheismus gefeiert werden. Mir geht es jedenfalls darum, im Atheismus ein Wahrheitsmoment zu entdecken, das zumindest genau so stark ist wie das der theistisch verfaßten Metaphysik. Es versteht sich von daher, daß ich der alten und neuesten theologischen Apologetik, die den Atheismus als defizienten Modus des Menschseins denunziert, nur mit entschiedener Ablehnung zu begegnen vermag. Einmal ganz abgesehen davon, daß mein Bruder, der ein veritabler Atheist und nicht nur älter, sondern auch stärker ist als ich, mir wohl auch heute noch eine gehörige Tracht Prügel androhen würde, wenn ich ihm defizientes Menschsein attestieren würde. Was gibt uns das Recht, im Atheisten einen weniger menschlichen Menschen zu vermuten als in einem frommen Juden oder Christen oder Muslim oder Buddhisten? Auf dem Boden solcher apologetischen religiösen Propaganda kann die Verkündigung der Rechtfertigung des Gottlosen kaum gedeihen. Wer der Überwindung der Gottlosigkeit durch Gott das Wort zu reden hat, tut vielmehr gut daran, im Atheisten eine besonders ausgereifte Gestalt des homo humanus ernst zu nehmen. Und daß die menschliche Gottlosigkeit dadurch überwunden wurde, daß sich in der Person Jesu Christi Gott selbst für uns dem Tod ausgesetzt hat – dem Tod, der der Sünde Sold ist (Röm 6,23) –, das ist das Zentrum der Theologie, die zu vertreten ich mich berufen weiß.

Nun noch einige Bemerkungen zu den Lehrern, die mich geprägt haben. Da war ein Philosoph, der mich in Logik und Logistik unterrichtete, Gerhard Stammler. Da war mein neutestamentlicher Lehrer und Doktorvater Ernst Fuchs, der mich mit Rudolf Bultmann zusammenbrachte und zum Studium der Texte Heideggers anregte. In einem »illegal« außerhalb der DDR verbrachten Semester hörte ich – zwischen Zürich, Basel und Freiburg hin und her pendelnd – dann in Freiburg Heidegger selbst. Er war damals »unterwegs zur Sprache«. Gegen Ende seines Lebens habe ich ihn noch einmal besucht und am Ende eines langen Gespräches ganz ungeniert gefragt, ob es nicht die Bestimmung des Denkens sei, unterwegs zu Gott zu sein. Heidegger antwortete: »Gott – das ist das Denkwürdigste. Aber da versagt die Sprache ...« Nun, diesen Eindruck hatte ich ganz und gar nicht. Hatte mich doch damals in Zürich Gerhard Ebeling in das Denken Luthers eingeführt, während Karl Barth in Basel mich mit seinem eigenen Denken vertraut machte. Und Luthers Bemühen um einen neuen modus loquendi theologicus, aber auch Barths breit dahinfließende, eher an einer Überargumentation leidende Theologie erweckten nicht gerade den Eindruck einer versagenden Sprache. Barth hielt mich übrigens zunächst für eine Art Spion der Bultmann-Schule und begegnete mir wochenlang mit unverhohlener Skepsis. Doch als ich in einer unvergeßlichen Sitzung seiner Sozietät nicht nur seiner Bultmannkritik mit der Verwegenheit des Jünglings leidenschaftlich zu widersprechen wagte, sondern zugleich einen Abschnitt aus Barths Anthropologie zu seiner Zufriedenheit interpretierte, wurde ich noch spätabends zu einem weiteren Disput bei einer Flasche Wein eingeladen. Und wenige Tage später stand die ganze *Kirchliche Dogmatik* vor der Tür meiner Studentenbude – mit der Widmung »Eberhard Jüngel auf den Weg in Gottes geliebte Ostzone«.

Dort, in der DDR, habe ich dann einige Jahre später, als ich nun selbst dogmatische Vorlesungen zu halten hatte und mich nach hilfreicher Anleitung umsah, mich erneut in dieses opus magnum meines großen Lehrers vertieft. Und siehe, hier begegnete mir innerhalb einer immer kurzatmiger werdenden theologischen Diskussion der lange Atem eines Denkens, das seiner Sache etwas zutraute. Barths Theologie war autochthon. Von ihr konnte man lernen, daß die sachliche Konzentration auf die in der Bibel bezeugte Wahrheit die beste Voraussetzung ist, um der gegenwärtigen Welt geistlich und weltlich das Ihre zu geben und um des Himmels willen der Erde die Treue zu halten. Mir eröffnete sich ein neuer Umgang mit der Überlieferung, der gegenüber respektlose Kritik genau so wenig in Betracht kam wie kritikloser Respekt. Und dadurch stellte sich nicht zuletzt auch eine ökumenische Weite ein, ohne die ich mir eine zukünftige Theologie schlechterdings nicht vorstellen kann. Vor allem aber wurde ich angeregt, Gott vom Ereignis seiner Offenbarung, das heißt vom Ereignis seines Zur-Welt-Kommens her zu denken: mithin also als einen Gott, der uns immer tiefer noch in die Welt hineinführt – als einen Gott, dem nichts Menschliches fremd ist und der der Menschheit in der Person Jesu näher gekommen ist, als die Menschheit sich selber nahe zu sein vermag.

Dieses augustinische »interior intimo meo« gewann eine Art Schlüsselfunktion für mein theologisches Denken, hat mir auch die Tür zur Mystik aufgetan, zu einer strengen Mystik. Ich gestehe freilich, daß ich im Unterschied zu anderen hier Sitzenden durch diese Tür eigentlich immer nur geschaut habe und nicht eigens durch sie hindurchgeschritten bin. Aber das kann ja noch kommen. Vielleicht ändere ich mich in dieser Hinsicht dann doch noch.

Eine Art Parole zum Schluß! Was hat Theologie zu leisten? Die Antwort, schlagwortartig formuliert, ist zugleich der rote Faden, der sich durch meine theologische Existenz zieht. Theologie hat Aufklärung zu leisten. Freilich Aufklärung nicht im Lichte der Vernunft, aber auch nicht als Feindin des Lichtes der Vernunft, sondern Aufklärung im Lichte des Evangeliums. Und das so, daß es zum kritischen Dialog mit der Vernunft kommt. Und wie Theologie Aufklärung im Lichte des Evangeliums zu leisten hat, so hat sie, mit einem alten Wort zu reden, die gefährdeten Phänomene zu retten: σῴζειν τὰ φαινόμενα. In diesem Sinne gilt es, der Schöpfung das Ihre zu geben.

Dazu gehört nach meinem Urteil, daß der Auftrag, sich die Erde untertan zu machen (Gen 1,28), nicht einfach preisgegeben wird, wohl aber so wahrgenommen wird, daß es wirklich um ein Dominium terrae geht, während wir jenen Auftrag so wahrgenommen haben, daß aus dem Dominium ein Imperium geworden ist. Herrschen muß der Mensch weiterhin, wenn die Welt nicht kaputt gehen soll. Sie geht jedenfalls genau so schnell kaputt, wenn wir aufhören zu herrschen wie wenn wir in rücksichtsloser Selbstverwirklichung gewaltsam herrschen. Was wir brauchen, ist ein Herrschen, das sich selbst zu beherrschen vermag. Wenn das glückt, dann entstehen vielleicht auch in unserer noch unerlösten Welt Gleichnisse des Himmelreiches. Dazu wäre es meines Erachtens nötig, daß die Theologie mit der Philosophie gemeinsam so etwas wie eine Kategorientafel des Bösen entwirft. Ernst Bloch hatte in unserer Tübinger theologischen Arbeitsgemeinschaft einmal bewegt darüber Klage geführt, daß uns eine Kategorientafel des Bösen nicht zur Verfügung steht. Die Theologie muß vom Evangelium her versuchen, so etwas wie eine Kategorientafel des Bösen zu entwerfen, nicht um uns vom Bösen faszinieren zu lassen, sondern um es mit dem ihm gebührenden scharfen schrägen Seitenblick an seinen Platz zu verweisen. Man kann das Böse nur bekämpfen, wenn man es durch strenges Denken auf den Begriff bringt, um es daraufhin durch tapferes Handeln in seine Grenzen zu verweisen. Daß damit noch nicht das Himmelreich auf Erden beginnt, das ist wohl wahr. Aber es wäre damit immerhin verhindert, daß die Erde zur Hölle wird. Und in diese Richtung uns zu verändern, daß die Erde zur Hölle wird, da sei Gott vor: der Gott, der Hölle, Tod und Teufel für immer überwunden und ein Leben in Freiheit und in Frieden verheißen hat. Leben in Freiheit und Frieden, was ist das anders als gelingendes Zusammenleben mit Gott? Den Glauben an diesen Gott und die Hoffnung auf solches Zusammenleben denkend zu verantworten – das ist nach meiner Einsicht die Aufgabe eines ordentlichen Theologen. Ich bemühte mich und bemühe mich noch immer, ein solcher zu sein. Und das mit Vergnügen.

Jürgen Moltmann

Ich stamme aus einer säkularen Hamburger Lehrerfamilie. Religion und Theologie lagen mir ganz fern, ich wollte Physik und Mathematik studieren: Max Planck und Albert Einstein waren die Helden meiner Jugend. In der letzten Juliwoche 1943 wurde Hamburg durch die »Operation Gomorrah« der englischen Royal Air Force im Feuersturm vernichtet. 40.000 Menschen verbrannten. Mit meiner Schulklasse war ich als Luftwaffenhelfer in einer Flakbatterie der Innenstadt. Sie wurde zerstört, die Bombe, die den Schulfreund neben mir zerriß, verschonte mich. In der Nacht habe ich zum ersten Mal nach Gott geschrien: Mein Gott, wo bist du? war meine Frage und: Wofür bin ich am Leben und nicht auch tot wie die anderen? Während einer dreijährigen Kriegsgefangenschaft suchte ich Antwort, zuerst in den Klagepsalmen des Alten Testaments, dann im Markusevangelium. Als ich an den Todesschrei Jesu kam, wußte ich: Da ist dein göttlicher Bruder und Erlöser, der dich in deiner Gottverlassenheit versteht. Ich suchte nach existenztragendem Wissen und gab dafür mein Interesse an Physik und Mathematik auf. »Auschwitz« und »Hiroshima« beunruhigten mich tief.

In England gar es ein evangelisches Theologenlager, Norton Camp bei Nottingham. Dort lehrten gefangene Dozenten gefangene Studenten. Ich begann 1947 mein theologisches Studium. Wir lasen und diskutierten von morgens bis abends, wurden vom YMCA betreut und von der englischen Armee überwacht. Die Existenzerfahrungen eines Gefangenen haben mich nachhaltig geprägt: das Leiden und die Hoffnung, die sich gegenseitig verstärken. Faßt man den Mut der Hoffnung, dann beginnen die Ketten zu schmerzen, aber der Schmerz ist besser als die Resignation, in der einem alles egal wird.

Jürgen Moltmann

1948 habe ich in Göttingen studiert. *Hans Joachim Iwand* überzeugte mich durch eine hinreißende Vorlesung über Luthers Theologie (bei Kerzenlicht wegen Stromsperre) von der befreienden Wahrheit der reformatorischen Rechtfertigungslehre und der Kreuzestheologie. Iwand erweckte unsere theologische Leidenschaft, aber zur wissenschaftlichen Arbeit gingen wir zu *Ernst Wolf* und *Otto Weber*. Dort lernte ich meine Frau kennen. Otto Weber wurde unser gemeinsamer Doktorvater und Freund. 1952 wurde auch ich fertig, und wir heirateten, aber ich hatte von Hause aus kein Verhältnis zu einer Kirche. Mich überzeugten die evangelischen Landeskirchen nicht, die im Hitlerreich geschwiegen oder gejubelt hatten. Mir imponierte allein die Bekennende Kirche mit ihrer Barmer Theologischen Erklärung von 1934 und dem klaren Ja und Nein. Sie konnte sich jedoch in der Nachkriegszeit nicht durchsetzen. Als Adenauer und Bischof Dibelius nach 1945 die alten Verhältnisse von 1933 restaurierten, die Hitler und die Deutschen Christen doch nicht verhindert hatten, schloß ich mich den politikkritischen und kirchenkritischen Nachfolgegruppen der Bekennenden Kirche an, den »Bruderschaften« und der »Gesellschaft für Evangelische Theologie«. Wir waren damals sehr barthianisch und wollten aus den kulturprotestantischen Mesalliancen von »Thron und Altar«, »Glaube und Bürgerlichkeit«, »Religion und Kapitalismus« heraus zu »Christus allein« und zur radikalen Nachfolge im Friedensdienst. »Kampf dem Atomtod«, »keine Wiederaufrüstung«, »gegen den Militärseelsorgevertrag« waren damals unsere Themen.

Der »Verlust der Mitte« schien die Lage der orientierungslos gewordenen Christenheit genau zu bezeichnen. Also suchten wir »die Mitte der Schrift« und wurden zu exklusiven Christozentrikern: solus Christus. Mit diesem eng verstandenen Barth und dieser »Barmen-Orthodoxie« kamen wir jedoch in Schwierigkeiten, als wir auf die politischen Möglichkeiten und kulturellen Herausforderungen der Nachkriegszeit positiv antworten wollten.

Jede »Mitte« hat einen »Umkreis«, sonst ist sie keine Mitte. Aus dem Dilemma führten 1951 *Dietrich Bonhoeffers* Briefe aus dem Gefängnis, »Widerstand und Ergebung«, heraus. In seiner Horizonteröffnung entdeckten wir »echte Weltlichkeit« und »religionsloses Christentum«. Nach der monumentalen Dogmatik von *Karl Barth* kann es keine Theologie mehr geben (wie nach Hegel keine Philosophie), denn er hatte alles gesagt und alles so gut gesagt – dachte ich. Dann lernte ich 1957 den holländischen Theologen *Arnold van Ruler* kennen. Er heilte mich von diesem Irrtum. Ich lernte die reformierte Reich-Gottes-Theologie und die holländische Apostolatstheologie kennen. Als Gemeindepfarrer in Bremen-Wasserhorst las ich viel *Christoph Blumhardt*: ein anderer Zugang zur Reich-Gottes-Theologie.

1959 – ich war gerade an die Kirchliche Hochschule Wuppertal gekommen – veröffentlichte ich meine erste theologische Programmschrift »Die Gemeinde im Horizont der Herrschaft Christi«. Sie hatte nur 35 Seiten und blieb ziemlich unbekannt. Lese ich jetzt wieder darin, dann finde ich die meisten späteren Gedanken in diesem Anfang: die messianische Dimension, die Treue zur Erde, der einladende Horizont der Zukunft Gottes, die Theologie des Politischen und die weltliche Predigt ... Muß ich »erbleichen«?

1960 »entdeckte« ich *Ernst Bloch*: »Das Prinzip Hoffnung«. Ich las es in der DDR-Ausgabe während eines Urlaubs in der Schweiz und war so fasziniert, daß ich nichts mehr von der Schönheit der Berge sah. Mein spontaner Eindruck war: Warum hat sich die christliche Theologie ihr ureigenstes Thema Hoffnung entgehen lassen? Berief sich Bloch doch auf den »Exodus und die messianischen Partien der Bibel« (Vorwort, 17). Und wo ist der urchristliche Geist der Hoffnung auf das Reich Gottes in der heutigen etablierten Christenheit geblieben? Mit meiner »Theologie der Hoffnung« 1964 wollte ich Bloch nicht »beerben«. Ich wollte sein »Prinzip Hoffnung« auch nicht »taufen«, wie Barth in Basel argwöhnte. Ich wollte vielmehr eine Parallelhandlung in der christlichen Theologie aufgrund ihrer eigenen Voraussetzungen unternehmen. Während Bloch den modernen Feuerbach-Marx-Atheismus für hoffnungsbegründend hielt, ging ich von der biblischen Gottesgeschichte, Exodus und Auferstehung, aus. Zu seinen Sozialutopien für »Mühselige und Beladene« und seinen Rechtsutopien für »Erniedrigte und Beleidigte« fügte ich als eschatologischen Horizont die »Auferstehung der Toten« hinzu und sah »Heimat der Identität« erst in der Vernichtung des Todes in der ewigen Gegenwart Gottes. Als wir 1967 nach Tübingen zogen, wurden Blochs und wir nicht nur räumlich, sondern auch im Geist Nachbarn. Mich interessierte nicht so sehr sein Neomarxismus, der 1968 die linken Studenten anzog, als vielmehr sein jüdischer Messianismus, den er seinerseits damals niedrig hielt.

Ich habe 1964 die »Theologie der Hoffnung« mit Lust und Leidenschaft geschrieben. Sie war für mich eine Tür in die Freiheit, in den »weiten Raum« Gottes. Aber ich wußte nicht, ob es eine Theologie über die Hoffnung oder aus Hoffnung war. Der Genitiv ließ beides zu. Später fand ich, daß Hoffnung das Subjekt der Theologie sein sollte. Das Buch paßte in kein theologisches Lager oder in viele. Es wurde von Säkularisten und Pietisten, schwarzen Theologen und weißen Liberalen, Freimaurern und Adventisten begrüßt. Eine scharfsinnige Rezension (von Horst Dohle) fand sich in Stasi-Unterlagen: Das Buch sei nichts für DDR-Christen, es sei zu revolutionär, auf Pfarrertagungen werde schon ein »unverdauter Moltmann« propagiert, und der sei »schlimmer als gar keiner«. Der SPIEGEL reihte mich 1968 in die »Kinder des Protestes« ein: »Eisen ins bleiche Christenblut«, »aufsässige Hoffnungs-Theologie«.

Die sechziger Jahre waren Jahre des Aufbruchs aus den Restaurationen der Nachkriegszeit: 2. Vaticanum in Rom, Civil Rights Movement in USA, Sozialismus mit menschlichem Gesicht in CSSR, ökumenische Begeisterung: »Siehe, ich mache alles neu« in Uppsala und in Westdeutschland politisch mit Willy Brandt: »Mehr Demokratie wagen«.

Baptist Metz kam 1967 mit seiner »Theologie der Welt« und *Hans Küng* mit seinem befreienden Buch »Die Kirche«, *Eberhard Jüngel* mit »Gottes Sein ist im Werden« und *Dorothee Sölle* mit ihrer »Stellvertretung« 1965, und uns allen voran *Wolfhart Pannenberg* 1961 mit einer Geschichtstheologie, aus der Idee der »Antizipation« entwickelt. Durch Bloch kam ich in den christlich-marxistischen Dialog der Paulus-Gesellschaft.

Im Mai 1967 fand der letzte in Marienbad statt und führte uns über die festgefahrenen Positionen hinaus, weil wir vor Problemen standen, für die unsere verschiedenen Traditionen keine Antworten hatten.

Das Jahr 1968 brachte den Höhe- und Wendepunkt der Aufbruchsstimmung: Der Prager Frühling wurde militärisch beendet. Auch deutsche und polnische Truppen marschierten schändlicherweise in die CSSR ein. In Rom setzte die Enzyklika »Humanae vitae« dem Aggiornamento der Kirche eine vatikanische Grenze; katholische Kollegen verloren ihre Positionen. Am 6. April wurde Martin Luther King erschossen. Die schwarzen Ghettos brannten. Wir waren damals in Amerika. Bei einer Demonstration in Berlin wurde Rudi Dutschke angeschossen. Der Studentenprotest wurde bitterer. Für mich zerbrach der politische Traum von einem sozialdemokratisch vereinigten Europa. Das Prager Ende lähmte mich wochenlang. Ich versuchte damals, nach der »Theologie« eine »Ethik der Hoffnung« zu schreiben. Sie mißlang, weil ich nicht wußte, ob Reformen oder Revolution die Verhältnisse bessern würden. In der Bewegung der »Politischen Theologie« versuchte ich, mit einer Doppelstrategie von der »großen Alternative« und den vielen »kleinen Alternativen« zu arbeiten nach dem Vorbild der Ordenschristenheit dort und der Weltchristenheit hier. Aber mir fehlten die Detailkenntnisse auf den verschiedenen Handlungsfeldern und Lebensbereichen. So wurde aus der »Ethik« nichts.

Stattdessen nahm ich den Faden der Kreuzestheologie wieder auf. Nach der Begründung christlicher Eschatologie in der Auferstehung des gekreuzigten Christus mußte auch die andere Seite betont werden: das Kreuz des Auferstandenen. In einer Kultur, die Gesundheit, Erfolg und Glück verherrlicht und für das Leiden anderer blind ist, kann die Erinnerung an die Gegenwart Gottes im Gekreuzigten die Augen öffnen. Hat Gott jenen Gekreuzigten auferweckt, dann müssen Kirchen, die sich nach ihm nennen, ihre Allianzen mit den Mächtigen lösen und Solidarität mit den Erniedrigten suchen, die im Schatten des Kreuzes existieren. Als ich das Buch »Der gekreuzigte Gott« schrieb – ich schrieb es sozusagen mit Herzblut –, ging es mir wieder so: Ich sah das Ganze der Theologie in einem Brennpunkt. Das Kreuz Christi wurde für mich zum »Grund und zur Kritik christlicher Theologie«. Die Frage nach der Heilsbedeutung des Gekreuzigten für uns war genug diskutiert. Darum kehrte ich die Frage herum: Was bedeutet das Kreuz Christi für Gott? Schweigt ein apathischer Gott im Himmel ungerührt zum Leiden und Tod seines Kindes auf Golgatha, oder erleidet Gott selbst diese Schmerzen und diesen Tod? Die Gottheit ist leidensunfähig, sagte das alte metaphysische Apathieaxiom in der Gotteslehre. Ich ging demgegenüber – und das nicht einmal als erster – von der wesentlichen Leidenschaft Gottes aus. Ist Gottes Existenz Liebe, dann ist er auch leidensfähig und nimmt am Leiden seiner Geschöpfe teil. Also wird Golgatha zur Offenbarung der Leiden des leidenschaftlichen Gottes für uns. Auf diesem Wege entdeckte ich Gemeinsamkeiten, die ich nicht erwartet hatte: *Abraham Heschel* hatte die Lehre der jüdischen Propheten mit dem Gedanken vom »Pathos Gottes« ausgelegt. *Franz Rosenzweig* fand in der göttlichen Schechina Gott als Weggenossen und Leidensgefährten seines Volkes. Der japanische Theologe Kitamori beschwor 1966 den »Schmerz Gottes«, und *Dietrich Bonhoeffer* schrieb 1944 in der Gestapozelle: »Nur der leidende Gott kann helfen.« In England war im 19. und 20. Jahrhundert heftig über »the passibility or impassibility of God« gestritten worden. Die Theologie in Deutschland hatte das nicht wahr- und daran nicht teilgenommen.

»Der gekreuzigte Gott« erschien 1972 und war auch mein Versuch, für ein Leben in Deutschland »nach Auschwitz« eine Antwort zu finden. Ich kam in enge Verbindung zur entstehenden »Theologie der Befreiung« in Lateinamerika, besonders zu Jon Sobrino, fand aber auch Zustimmung in der orthodoxen Theologie in Rumänien. Es entstand die Verbindung zur kämpfenden und leidenden Kirche in Korea und der beginnenden Minjung-Theologie und auch zur Kreuzesmystik der katholischen Passionisten. Mein Interesse an den Gotteserfahrungen der »dunklen Nacht der Seele« war geweckt. Die Gefängniszelle der Märtyrer und die Klosterzelle der Mystiker sind nicht sehr verschieden. Die akademische Kritik beklagte wieder meine

»Einseitigkeiten« und wie controversial und confrontational ich doch sei. In der liberalen und der feministischen Theologie entstand die Wanderlegende von meinem »sadomasochistischen Gott«, der seinen eigenen Sohn »killt«. Ich sehe vor mir ein anderes Bild: Am 16. November 1989 wurden in der Universität von San Salvador sechs Jesuiten und zwei Frauen brutal ermordet. Die Leiche von Bruder *Ramon Moreno* zogen die Soldaten in den Raum des abwesenden Jon Sobrino. In seinem Blut fand man ein heruntergefallenes Buch: »El Dios Crucificado«. Es liegt dort jetzt unter Glas als symbolische Deutung des Martyriums der Brüder und Schwestern.

Ich mache einen Sprung und komme zu einem anderen Wendepunkt meines Lebens. Es war auf einer Konferenz im Oktober 1977 in Mexico City mit Befreiungstheologen, schwarzen Theologen und feministischen Theologinnen, daß ich plötzlich entdeckte: Ich gehöre nirgendwo hin, denn ich bin nicht unterdrückt, nicht schwarz und auch keine Frau. Ich kann diese Befreiungsbewegungen unterstützen, von ihnen lernen, aber meine Existenz ist nicht in ihnen. Gewiß, ich habe mich, so weit ich konnte, in der Friedensbewegung und der Ökologiebewegung engagiert. Viel Zeit ließen einem die Masse der Studierenden in Tübingen und die ökumenischen Reisen ja nicht. Die feministische Theologie hat mich stärker beeinflußt, als mir bewußt ist, besonders ihr psychosozialer Ansatz. Was also sollte ich tun? Ich habe mich damals auf mein ordinäres Geschäft der systematischen Theologie besonnen und von 1980 bis 1995 eine Reihe »systematischer Beiträge zur Theologie« geschrieben. Ich wollte meine »Einseitigkeiten« überwinden und mich auf langfristige Probleme der Theologie konzentrieren. Ich wollte nicht mehr so controversial sein. So schrieb ich 1. eine soziale Trinitätslehre über den »beziehungsreichen Gott«, 2. eine sabbatliche Schöpfungslehre im Angesicht der drohenden ökologischen Krisen, 3. eine Christologie des Weges und auf dem Wege, 4. ein Buch über den »Geist des Lebens« als »élan vital«, und 5. eine christliche Eschatologie über den neuen Anfang im Ende.

Nach fünf Büchern soll noch eins über Methode kommen. Methodenreflexionen sind, hat ein Amerikaner gesagt, wie das

Räuspern vor einem Vortrag, um die Kehle zu klären. Das kann nur so lange dauern, bis man sein Auditorium verloren hat. Mich hat immer nur der theologische Inhalt interessiert. Darum will ich mich nachträglich nur in Kürze »räuspern«:

1. Theologische Aussagen sollen an eigenen Erfahrungen oder an Einfühlung in fremde Erfahrungen nachvollziehbar sein; es seien individuelle oder kollektive Erfahrungen. Erfahrungen schließen Praxis ein.

2. Was eine/r theologisch anderen Menschen über Gott sagt, sollen er oder sie auch zu Gott selbst sagen können. Man soll Theologie auch zum Beten, Klagen und zum Lobgesang verwenden können.

3. Theologie ist für mich von Anfang ein Abenteuer mit ungewissem Ausgang gewesen, eine Entdeckungsreise der Ideen in ein einladendes Geheimnis. Meine theologische Tugend war nicht Demut, sondern nur die Neugier und Phantasie für das Reich Gottes.

4. Wir haben in Europa eine reiche konfessionelle Herkunft. Wir haben aber zusammen »mit der ganzen Christenheit auf Erden« – wie Luther sie nannte – eine viel reichere ökumenische Zukunft. Die Beschäftigung mit der eigenen Tradition darf die Eingliederung in die weltweite ökumenische Gemeinschaft nicht behindern.

Dorothee Sölle

Lieber Jürgen, liebe Kollegen und Kolleginnen, meine Damen und Herren. Bei dem Nachdenken über Generation und Generationsgemeinschaft denke ich zunächst an das zentrale Ereignis der deutschen Geschichte in diesem Jahrhundert. Vielleicht sogar darüber hinaus das zentralste Ereignis, das wesentlich mit meinem inneren Werdegang zu tun hat, also dieses Erbe von Gas, Vergewaltigung, Krieg und Mord. Ich habe nie verstanden, wie eine Theologie nach Auschwitz genau so sein kann wie vorher. Das war einer der ersten Punkte meines Entsetzens über unberührte, das Gleiche etwas anders formulierende Theologie ohne reale Beziehung zur Realität.

Ich stamme aus dem Bildungsbürgertum, kirchenfern. Bei uns zu Hause interessierte es nicht besonders, ob jemand in die Kirche ging, wohl aber, ob jemand Nazi und Antisemit war. Das war wichtig. Daran wurden Menschen unterschieden. Da gab es Grenzlinien, die ganz klar waren, und vielleicht habe ich davon etwas geerbt, was mich später in allerlei Kirchenfeindschaft gebracht hat. Der Entschluß zur Theologie kam für mich ebenfalls wie bei Jürgen Moltmann überraschend; mein liberaler Vater wunderte sich sehr, und meine Mutter lächelte eher etwas verwirrt, als ich nach einigen Semestern des Studiums der klassischen Philologie mich entschloß, Theologie zu studieren. Dieser Entschluß erwuchs einmal aus einer für mich sehr wichtigen Lehrerin der Theologie. Es ist Marie Veit, sie war eine Bultmann-Schülerin und kam als ganz junge Frau an unsere Schule und gab einen umwerfenden Religionsunterricht, in dem wir Heidegger und Sartre lasen und das Neue Testament nicht weniger freimütig diskutierten! Wenn ich mit meiner ganzen Frechheit etwa das »hündische Jenseitsgesäusel« der Christen angriff, dann hatte sie eine unnachahmlich kluge Art, freundlich zu fragen. »Ja meinen Sie eigentlich Paulus, oder handelt es sich um Luther, oder wo nehmen Sie das denn her?« Und so erzog sie mich, ohne mich zu vernichten, mehr als irgend ein Lehrer, den ich später gehabt habe. Sie hat mir die Gewißheit vermittelt, von Bultmann überkommen, daß man den Verstand nicht abzugeben bräuchte an der Kirchentür, sondern ihn ruhig mit hineinnehmen, daß es aber vielleicht doch noch etwas mehr gäbe als das, was wir so empirisch vor uns haben. Die andern Lehrer, die ich nennen möchte, sind ältere Schriftsteller, Kierkegaard vor allem, Pascal, die mir ein Christentum vordachten, von dem ich mich angezogen fühlte, in das ich hineingehen wollte. Alles dies hatte aber wenig Grund in der realen Institution der Kirche, die ich nach wie vor als ein sehr problematisches, schwieriges oder auch langweiliges Unternehmen empfand.

Wenn Sie mich fragen »How my mind was changed«, dann würde ich sagen, ich denke heute sehr anders darüber. Mein Verhältnis zur Kirche hat sich geändert, ob das Verhältnis der Kirche zu mir sich geändert hat, das weiß ich nicht so genau, aber meine Hoffnung auf die Widerstandsgruppen, die innerhalb der Kirchen aus dem konziliaren Prozeß erwachsen, ist heute sehr viel größer geworden. Ich muß der Ehrlichkeit halber sagen, daß ich oft denke, daß Gottes Geist nicht in den Fakultäten weht, sondern da schon lange ausgewandert ist, wohl aber bei den Frauen und Männern, die Castor blockieren oder andere Dinge tun, die notwendig sind in unserer Welt. Auch das ist eine andere Form des Gesprächs, in das ich hineingewachsen bin.

Mein Theologiestudium habe ich in Göttingen begonnen. Bultmann war damals gerade emeritiert, und das tat mir sehr leid – ich wäre gerne nach Marburg gegangen, um bei ihm zu studieren. Ich ging nach Göttingen wegen Friedrich Gogarten, der ein Buch über die Verkündigung Jesu Christi geschrieben hatte, das mir sehr viel aufgeschlossen hat von dem, was Jesus und Paulus und Luther sagten. Er hat einen modernen Teil darin, der mir nicht auszureichen schien. Aber er war ein Lehrer, von dem ich denken gelernt habe, schal gewordene, wiederholte Begriffe abzuwerfen gelernt habe, den Mut also zur Veränderung

Dorothee Sölle

in der Begrifflichkeit gelernt habe, Nachfragen, ironische Nachfragen gelernt habe. Mein anderer Lehrer, den ich hier erwähnen möchte, war Ernst Käsemann; ich will ihn heute Abend noch besuchen. Mit ihm lag ich ständig im Streit. Das ist bekanntlich nicht schwer! Ich fand das aber sehr anregend, aufregend und ärgerte mich furchtbar, vor allem, wenn er Bultmann angriff – da war ich immer auf der Seite des Großvaters, nie auf der Seite des Vaters. Immerhin hat er mir sehr viel aufgeschlossen innerhalb der Welt des Neuen Testaments.

Ich habe dann eine typische Frauenkarriere gemacht, das heißt: keine, jedenfalls in Deutschland. Mit allen Unterbrechungen und frauenspezifischen Verspätungen, die man sich nur denken kann, erst mal Kinder und dann wieder zurück an die Uni, Studienrätin im Hochschuldienst, Lehrerin war ich mit großer Begeisterung, bin dann schließlich in den USA einige Jahre Professorin am Union Theological Seminary in New York gewesen. Dort lernte ich vor allem zwei Dinge: Das eine war die Begegnung mit den Feministinnen und das andere die Begegnung mit der Ökumene.

Ich will noch etwas sagen zu einer anderen Veränderung in meinem theologischen Denken, die mit dem Jahr 68 eigentlich nur zufällig zusammenfällt, denn ich gehöre nicht zu den sogenannten Achtundsechzigern, hatte mir vorher schon ein paar Gedanken über Auschwitz und die Folgen gemacht und war, bezogen auf das, was falsch lief in der westlichen Welt, sehr bewußt. Die Zahl der verhungernden Kinder hat sich ja nicht verringert in den letzten 40 Jahren, und sie hörten wir in diesen Jahren zum ersten Mal, als das Wort »Dritte Welt« aufkam. Wir haben in Köln eine ökumenische Gruppe gegründet, zu der auch Marie Veit gehörte, und das »Politische Nachtgebet« gefeiert, eine neue Form von Gottesdienst. Das war eine für mich sehr ereignisreiche und schöne Zeit. Wenn ich den theologischen Ertrag mal mit einem Begriff benennen soll, dann würde ich sagen, wir haben die Konsequenz aus Auschwitz gezogen: Wir haben das Sündenverständnis neu gedacht. Wir nannten das »Politisierung des Gewissens«. Was mich von Gott trennt, ist nicht meine Sexualität oder mein immer schon Verworfensein, damit kann ich überhaupt nichts anfangen, mit solchen Redensarten ... Was mich wirklich von Gott trennt ist, wie ich das Wasser meiner Enkelkinder vernichte. Also meine reale Befindlichkeit in einem ökopolitischen Kontext, in dem ich dafür sorge, mit meiner Existenz dafür sorge, daß noch mehr Kinder verhungern, daß der internationale Währungsfonds also dafür sorgt, daß sie nicht erzogen werden usw. Das ist Politisierung des Gewissens: Das, wofür wir eigentlich Vergebung brauchen, wofür wir »Kyrie eleison« singen, das hängt mit unserer realen Welt zusammen, und jede Abstraktion davon in ein bloß privates Sündersein scheint mir falsch. Es ist dies ein Punkt, wo ich immer noch darauf hoffe – vielleicht eine völlig illusorische Hoffnung! –, irgendwann doch auch einmal mit unsern fundamentalistischen Vettern und Cousinen, um es so auszudrücken, ins Gespräch zu kommen. Irgendwann müssen die doch auch begreifen, was Sünde ist und wofür wir Vergebung und Aufstehen und Unser-Bett-nehmen und Gehen-lernen nun wirklich brauchen. Und das wäre für mich da ein Ansatzpunkt, der so evident ist, daß sozusagen die bourgeoise Verengung auf das Individuum allein oder die katholische Verengung auf die Sexualität allein nun wirklich nicht ausreicht.

In diesem Zusammenhang der Politisierung des Gewissens entstand dann das, was wir drei, also Jürgen Moltmann, Baptist Metz – eigentlich müßte ich dich als ersten nennen – »politische Theologie« nannten. Das Wort ist mir unterdessen ganz abhanden gekommen. Ich weiß noch genau den Tag, an dem ich zum ersten Mal von einer »teologia de la liberacion« hörte und mir wie Schuppen von den Augen fiel, ja, das ist es ja eigentlich, was ich die ganze Zeit suche. Was ich von der Befreiungstheologie gelernt habe: eine deutlichere Sprache für das, worum es eigentlich geht, eine bessere Übersetzung des Wortes Erlösung (Soteria) als wir bisher hatten, die immer nur in diese Individualität hereinführte, ein größerer Horizont und – das möchte ich noch extra nennen – der Begriff des »Interlokutors«, der mir da einer der wichtigsten geworden ist. Eine richtige Theologie braucht Dazwischenredner, Dazwischenfrager, also quengelnde Weiber, Witwen, andere Ungebildete, die Fragen stellen. Ohne auf den Interlokutor zu hören oder sich Klarheit darüber zu verschaffen, wer eigentlich mein Interlokutor ist, möchte ich Theologie nicht mehr treiben.

Damit hängt mein anderes Hauptproblem zusammen, an dem ich lange gearbeitet habe und natürlich nicht fertig geworden bin, nämlich die Frage: In welchem Sinn können wir von Gott reden, muß das nicht eine atheistische Sprache sein, ist Gott nicht tot, um es mit Nietzsche zu sagen? Ich habe darüber viel gekämpft, gelitten, mich befragt, mir auch widersprochen. Zwei Dinge möchte ich hier nennen: *Etwas*, eins negativ, das bezieht sich auf einen Grundbegriff klassischer Theologie, den der Omnipotenz, mit dem ich nicht leben konnte. Ich halte das für einen Männerwahn, man braucht nicht sehr viel Freud zu kennen, um das zu verstehen, diese Projektion männlicher Wünsche auf Gott. Es dauerte einige dreißig Jahre, bis ich das in dieser Klarheit sagen konnte. Es ist mir ebenfalls an dem Grundthema der Geschichte klargeworden: Ich denke, Gott war sehr klein in Auschwitz, Gott hatte keine Freundinnen und Freunde in dieser Zeit, die Sonne Gottes, die Gerechtigkeit, schien nicht, der Geist hatte keine Wohnung in diesem unserm Land. Das sind für mich genauere Beschreibungen dessen, was es eigentlich heißt, von Macht zu reden.

Und da kommt nun als Zweites die feministische Theologie mir zur Hilfe. Eine ihrer wichtigsten Korrekturen, Revisionen, die absolut notwendig sind nach meiner Ansicht, ist nicht der Austausch von Pronomen, das können wir noch nebenbei erledigen. Der bedeutet noch gar nichts. Was wirklich ansteht, ist ein differenzierteres Konzept von Macht. Ich sage das nicht gerne auf deutsch, weil das Wort »Ermächtigung« in unserer Sprache belastet und zerstört ist, jedenfalls für meine Generation. Lassen Sie mich also »empowerment« sagen, das bedeutet: Gute Macht ist solche, die andere mächtig macht, die andere »empowert«, die uns liebesfähig macht. Während meines Studiums habe ich nie begriffen, daß wir alle als Jüngerinnen und Jünger Jesu Dämonen austreiben können, Hungrige speisen sollen. Daß auch für uns das »alles ist möglich« gilt, das war auch eine lange nach dem Studium mir dämmernde Erkenntnis. Wie fern unsere herrschenden, christologischen und theologischen Abstraktionen uns machten von den realen Verwirklichungsmöglichkeiten, von dem realen Handeln und von dem Zutrauen Jesu in seine Geschwister, das ging mir erst spät auf.

Der Gottesbegriff braucht eine Revision, und der Interlokutor, der mir da geholfen hat, waren unter anderm die Gespräche mit Juden. Ich denke vor allem an Hans Jonas, den ich später einmal getroffen habe, ich denke aber auch an Emil Fackenheim, Elie Wiesel und andere Schriftsteller, deren Korrekturen der traditionalen Theologie mir geholfen haben. Diese Kritik der Omnipotenz und ein Verständnis von Gott, das auf Allmacht und die Fixierung auf Allmacht verzichtet, enthält ein Element des weiblichen Denkens. Es versucht ebenfalls den Gegensatz von Aktivität und Passivität, der so tief in der männlichen Sexualität und also auch in der männlichen Dogmatik verankert ist, ein bißchen anders zu denken. Das sind Themen, die mich leidenschaftlich angezogen haben, beschäftigen, und die für mich, und damit komme ich zu meiner letzten vielleicht möglichen Veränderung, hineingezogen haben immer mehr in ein mystisches Verständnis von »cognitio dei experimentalis«, also Gotteserkenntnis aus dem Experiment, aus der Erfahrung, wie die scholastische Definition der Mystik heißt. Ich meine damit nicht New Age und ähnliches, sondern meine auch im Alltag gelebte ernsthafte Mystik und bringe sie zusammen mit dem, was ich gerne noch schreiben möchte, mit dem Grundbegriff, der für den konziliaren Prozeß, wie ich denke, notwendig ist: mit dem Begriff des Widerstands. Ich versuche beide Begriffe, den der Mystik und den des Widerstands, zu demokratisieren, sie des elitären Beigeschmackes zu entledigen. Eine mystische Theologie für alle ist ein unaufgebbares Postulat, ganz im Sinne Karl Rahners. Wir sind alle Mystiker, wie immer wieder große Mystikerinnen und Mystiker gesagt haben; und das zu verstehen, das zu vermitteln ist mir immer wichtiger geworden.

Was uns theologisch zu tun bleibt für die Zukunft angesichts des Endsieges des Kapitalismus, der nun innerhalb der Dritten Welt keine Nötigung mehr hat, ein menschliches Gesicht zu zeigen, weil keine Konkurrenz mehr da ist, ist, eine befreiende Theologie zu entwickeln, die sich an diesen Grundbegriffen, der mystischen Präsenz Gottes und der Resistenz orientiert. Ich glaube, ohne diese anderen Theologien der Befreiung wäre ich nie so ermutigt worden, auch für Europa noch auf eine Befreiung zu hoffen.

2. Runde

Johann Baptist Metz
Elisabeth Moltmann-Wendel
Norbert Greinacher

Johann Baptist Metz

Daß man sich vielleicht zu viel oder zu schnell geändert habe: diese Vermutung begegnet einem nicht nur im Tadel seiner Gegner, sondern zuweilen auch im Lob seiner Freunde. So z.B., wenn mein Freund Jürgen Moltmann schreibt: »Metz ist immer für eine Überraschung gut.« Deshalb will ich hier nicht von dem sprechen, worin ich mich geändert habe – dazu habe ich mich ohnehin schon des öfteren geäußert –, sondern, wie vorhin auch Eberhard Jüngel, von dem, worin ich mich nicht geändert habe. Nur so kann ich, ohne beliebig zu werden, lebensgeschichtliche Mitteilungen riskieren, die meine Theologie bis heute prägen.

Gegen Ende des Zweiten Weltkrieges wurde ich, 16jährig, aus der Schule herausgerissen und zum Militär gepreßt. Nach flüchtiger Ausbildung in Würzburger Kasernen kam ich an die Front, die damals schon über den Rhein ins Land gerückt war. Die Kompanie bestand aus lauter jungen Leuten, weit über hundert. Eines Abends schickte mich der Kompanieführer mit einer Meldung zum Bataillonsgefechtsstand. Ich irrte die Nacht über durch zerschossene, brennende Dörfer und Gehöfte, und als ich am Morgen darauf zu meiner Kompanie zurückkam, fand ich nur – Tote, lauter Tote, überrollt von einem kombinierten Jagdbomber- und Panzerangriff. Ihnen allen, mit denen ich tags zuvor Kinderängste und Jungenlachen geteilt hatte, konnte ich nur noch ins erloschene, ins tote Antlitz sehen. Ich erinnere nichts als einen lautlosen Schrei. Und so sehe ich mich heute noch, und hinter dieser Erinnerung sind meine Kindsheitsträume zerfallen. Meine kräftige bajuwarisch-katholische Sozialisation mit ihrem fugendichten Vertrauen hatte einen Riß erhalten. Was geschieht, wenn man damit nicht zum Psychologen geht, sondern in die

Kirche, und wenn man sich weder von ihr noch von der Theologie solche unversöhnten Erinnerungen ausreden lassen, sondern mit ihnen glauben und mit ihnen von Gott reden will?

Dieser hier angedeutete lebensgeschichtliche Hintergrund durchprägt meine theologische Arbeit bis heute. Für sie spielt z.B. die Kategorie der Gefahr eine zentrale Rolle; sie will von den apokalyptischen Metaphern der Glaubensgeschichte nicht lassen, sie mißtraut einer idealistisch geglätteten Eschatologie. Und vor allem dies: Eine besondere Theodizee-Empfindlichkeit durchstimmt meine theologische Arbeit, die Frage nach Gott angesichts der Leidensgeschichte der Welt, »seiner« Welt. Was später »politische Theologie« heißen wird, wurzelt hier: Gottesrede in der conversio ad passionem. Wer von Gott im Sinne Jesu spricht, nimmt die Verletzung der vorgefaßten eigenen Gewißheiten durch das Unglück der anderen in Kauf.

So muß ich jetzt etwas sagen über die politische Theologie, für die ich geradezustehen habe und die mich in vielem besonders auch mit Jürgen Moltmann und Dorothee Sölle über die Jahre hinweg verbunden hat, verbunden im Sinn einer indirekten Ökumene, eines Miteinander im öffentlichen Streit um Gott und die Welt. Nun zu einigen Spiegelungen des Wegs der politischen Theologie:

1. Die Erfahrungen in der sog. Paulusgesellschaft, die sich bereits in den frühen 60er Jahren dem Dialog zwischen Christen und Marxisten gewidmet hatte, dann besonders Ernst Bloch und die Frankfurter haben mich sozusagen herauspolitisiert aus dem existentialen und transzendentalen Zauberkreis der Theologie. Die Auseinandersetzung mit dem Marxismus habe ich eigentlich immer als Auseinandersetzung mit der gesellschaftskritischen Dramatisierung des Theodizeethemas verstanden. Ich wollte der Politik und der politischen Kultur nicht – wie das jeglicher Pragmatismus empfiehlt – diese Theodizeeperspektive ersparen, ich wollte sie freilich auch anders als der Marxismus zur Sprache bringen: nämlich immer und unbedingt auch als Frage nach dem Leid der anderen, dem Leid gar der Feinde und als Frage nach den vergangenen Leiden, an die kein noch so leidenschaftlicher Kampf der Lebenden versöhnend rühren

Johann Baptist Metz

kann. Diese Verquickung von Politik und Theodizee hatte und hat einen hohen Preis; sie macht diese politische Theologie immer wieder zum Gespött aller politischen Pragmatiker und eigentlich auch aller politischen Utopisten (außerhalb und innerhalb des Christentums). Wie aber rettet man das politische Leben ohne diesen »Theodizeeblick« vor purem Politdarwinismus, gleichgültig ob der sich pragmatisch-geradlinig oder dialektisch verzögert durchsetzen soll?

2. Die heute viel geschmähte Atmosphäre der 68er Jahre hat, wenn ich recht schätze, bei mir vor allem eines bewirkt: Sie hat mir die allzu geschmeidige theologische Rede von der Geschichtlichkeit des Glaubens ausgetrieben und meine Theologie immer deutlicher mit der Geschichte selbst konfrontiert, mit jener Geschichte, die einen so katastrophischen Namen wie Auschwitz trägt. Immer wieder habe ich mich seitdem gefragt, warum man unserer Theologie eine solche Katastrophe wie überhaupt die Leidensgeschichte der Menschen so wenig ansieht und anhört. Haben wir womöglich für die theologische Interpretation der Geschichte viel zu »starke« Kategorien benützt, die alle geschichtlichen Verletzungen viel zu schnell überdecken und das Sensorium für Gefahr verkümmern lassen? Heilt die Theologie wirklich alle Wunden? Auschwitz wirkte da wie ein Ultimatum auf mich. Von da an spielen für mich die vermeintlich »schwachen« Kategorien der Erinnerung und der Erzählung, die auch noch das Erschrecken des Logos der Theologie zum Ausdruck bringen können, wie überhaupt die Aufmerksamkeit für die in der jüdischen Geschichte entfaltete anamnetische Kultur eine immer größere Rolle.

3. Seit den späten 60er Jahren waren es dann vor allem auch zwei Impulse des Zweiten Vatikanischen Konzils, die ich unter dem Stichwort der politischen Theologie zu verteidigen und zu verstärken suchte. Neben dem Anstoß zum aufrechten Gang in der Kirche (»Nur wer aufrecht geht, kann auch freiwillig knien und mit Frohsinn danken«) und der darin keimhaft angedeuteten Revision des Verhältnisses meiner Kirche zur politischen Aufklärung war es vor allem die in diesem Konzil sich abzeichnende Bewegung heraus aus dem europäischen Monozentris-

mus und hinein in eine sozial leidvoll zerrissene und kulturell polyzentrische Weltkirche. Besonders fruchtbar waren für mich dabei die Begegnungen mit den Freunden in der Internationalen Zeitschrift Concilium.

Während mir bei meinen Aufenthalten in den USA immer deutlicher wurde, daß es auch innerhalb des Katholizismus der westlichen, der sog. Ersten Welt einen schwelenden Kultur- bzw. Zivilisationskonflikt gibt, nämlich die augenscheinliche Fremdheit und Verhältnislosigkeit zwischen dem römischen Katholizismus einerseits und den religiös-politischen Traditionen der angelsächsischen Welt andererseits, wurde mir vor allem die wachsende Einbeziehung der nichtwestlichen Welt, der bisher sog. Dritten Welt, zur neuen theologischen Herausforderung. Sie setzte den Logos der Theologie dem sozialen Leid und Elend der armen Völker ebenso aus wie dem Leid des kulturellen und ethnischen Andersseins in einer westlich dominierten Welt und Weltkirche.

Zwei Notizen dazu unter vielen möglichen. Die eine bezieht sich auf meine Erfahrung mit der basisgemeindlichen Arbeit meiner Freunde und Kollegen in Lateinamerika. Sie kam mir am eindrucksvollsten und eigentlich auch am hoffnungsvollsten dort vor, wo sie »ganz unten« ansetzte, dort, wo jede bloß rhetorische Radikalisierung der Botschaft versagt, dort, wo einem die fromme Metaphysik im Halse stecken bleibt, wo einem das sprachlose Elend das Wort verbietet und zunächst nur das Dabeisein zählt. Angesichts solcher Erfahrungen wußte ich plötzlich, daß ich selbst den Mund zu voll genommen hatte, als ich von basiskirchlichen Ansätzen hierzulande sprach. Vermutlich gehört zum basiskirchlichen Leben etwas, was bei uns, in einer bürgerlich sozialisierten Kirche nicht (mehr) gegeben ist, daß nämlich ein sozialer und kultureller Kampf um Identität Hand in Hand geht mit dem Aufbau und der Erfahrung religiöser Identität. An Worten wie »Befreiung« und »Basisgemeinde« klebt so viel Schmerz und Lebensrisiko, daß ich vor einem ungenierten Gebrauch hierzulande nur warnen kann.

Die zweite biographische Notiz bezieht sich auf die Antlitze in Lateinamerika, hier insbesondere auf die Antlitze der Indios,

Antlitze, die geprägt sind von den dunklen Schatten dessen, was man dort die andinische Mystik nennt. »Es regnet Trauer in den Anden« steht in meinem andinischen Tagebuch. Diese Trauerantlitze der Indios haben nichts Romantisches an sich. Die Indios tun sich m.E. nicht eigentlich deswegen so schwer mit unserer westlichen Zivilisation, weil sie, wie wir gerne sagen, noch »unterentwickelt« sind, sondern zunächst einmal, weil sie anders sind und dieses Anderssein seine zu respektierenden Geheimnisse hat. Haben wir hierzulande genug Empfindlichkeit für Differenz und Alterität, um diese Andersheit anzuerkennen und zu retten, ehe sie von der Planierraupe westlicher Zivilisation endgültig weggedrückt wird?

Inzwischen bemühe ich mich, und nun auch im Blick auf andere Kulturwelten, ein theologisches Konzept zu formulieren, das auch dem »postmodernen« Verdacht gegenüber den unleugbaren Gefahren universalistischer Ansätze Rechnung trägt und doch nicht einer planen Relativierung der Kulturwelten verfällt: in der Betonung des Respekts vor und des Gehorsams gegenüber der Autorität der Leidenden. Diese Autorität ist für mich die einzige, in der sich die Autorität des richtenden Gottes in der Welt für alle Menschen manifestiert.

Ich breche hier ab. Als roter Faden dieses biographischen Wegs mag die memoria passionis gelten, das Eingedenken fremden Leids als Basiskategorie christlicher Gottesrede, also die unter den Signaturen der Zeit erneut aufgenommene und gesellschaftskritisch dramatisierte Theodizeefrage, eine Frage übrigens, die für mich durch die christliche Erlösungsbotschaft nicht einfach stillgestellt und erledigt ist. Es bleibt in allem ein lauter oder auch lautloser Schrei. Das hat mich z.B. kürzlich dazu veranlaßt, Jürgen Habermas freundschaftlich zu fragen, ob es denn so ausgemacht sei, daß der Ursinn der menschlichen Sprache die Verständigung sei und nicht vielleicht doch – der Schrei. Es gibt für mich Rückfragen an Gott, an den Gott Abrahams, Isaaks und Jakobs, an den Gott Jesu, Rückfragen, für die ich zwar eine Sprache habe, aber keine Antworten. Und so habe ich sie mir als Gebet zu eigen gemacht: Warum, Gott, das Leid, warum die Schuld? Warum hast Du (um hier eine

Formulierung aus der Stellungnahme von Eberhard Jüngel aufzunehmen) nicht Vorsorge getragen gegenüber dem Bösen?

Wie sehr meine Theologie von all dem geprägt ist, mögen Sie schließlich daraus ersehen, daß ich den einzigen Lehrer, Karl Rahner, der selbst von Theodizee und negativer Theologie kaum gesprochen hatte, in dieser Perspektive interpretierte, weil ich bei solcher Rede von Gott nicht ohne ihn sein wollte. »Nie hat uns Karl Rahner«, schrieb ich 1984, in seinem Todesjahr, »das Christentum als das gute Gewissen avancierter Bürgerlichkeit interpretiert, nie als eine Art bürgerlicher Heimatreligion, der alle tödlich bedrohte Hoffnung, jede verletzliche und widerspenstige Sehnsucht ausgetrieben ist ... Quer zu allem blieb bei ihm diese Sehnsucht, die ich nie als sentimental empfand, nie als himmelstürmend, sondern eher wie einen lautlosen Seufzer der Kreatur, wie einen wortlosen Schrei nach Licht vor dem dunklen Antlitz Gottes.«

Elisabeth Moltmann-Wendel

Ich stamme aus einer Familie, die stark von der Bekennenden Kirche geprägt war. Seit der Gründung der BK gehörten meine Eltern zu deren aktiven Mitgliedern. Mein Vater starb schon im Herbst 1934. Er hinterließ uns nicht viel, aber die Überzeugung, daß ein Christenmensch sich gegen den Nationalsozialismus stellen müsse. Meine Mutter hielt sich daran, besuchte regelmäßig in Potsdam die Bibelstunden der BK, die ich eigentlich als eine Art Untergrundkirche verstehe. Sie brachte stets politische Nachrichten davon mit, mit denen sie uns am nächsten Tag beim Frühstück fütterte. Mein Grundgefühl als Kind im Dritten Reich war, daß wir anders waren als die anderen, daß wir quer lagen und quer dachten, aber daß es davon eine ganze Menge Menschen gab, denen ich innerhalb der Kirche begegnete. Sie schienen mir mutig, spontan, eigenwillig und unbekümmert zu sein. Als ich konfirmiert war, bestand ich darauf, in die BK einzutreten, bekam die »rote Karte«, die von nun an immer mit dem Bild von Martin Niemöller in meiner Tasche steckte. Das war eine Mischung von Heiligenbild und Maskottchen und gab mir in meinem Gefühl von Anderssein stets auch das Gefühl von Sicherheit. Ein anderes Grundgefühl stammt ebenfalls aus dieser Zeit: ein Mißtrauen gegen intakte Kirchen und deren Vertreter. Damals waren es die Namen der Bischöfe Marahrens, Meiser, Wurm. Heute sind es andere Namen.

Ich begann gleich nach Kriegsende, in Berlin Theologie zu studieren, aber nicht, weil ich Theologin werden wollte, sondern weil die Theologische Fakultät die erste war, die bereits im Juli 1945 mit Vorlesungen begann. Nach einem Semester Hebräisch und Griechisch war ich aber von der Sache selbst so erfaßt, daß ich beschloß, dabei zu bleiben. Das war für Frauen

Elisabeth Moltmann-Wendel

keine Revolution. 1945 waren unter den Studierenden in Berlin ein Drittel Frauen, und die waren klüger und erfahrener als die müden Krieger, die damals zur Theologie stießen.

Nach zwei Jahren an der Kirchlichen Hochschule Berlin gelang es mir, eine Zulassung für Göttingen zu bekommen. Eine Zulassung nach Tübingen hatte ich abgelehnt, weil mir Tübingen mit seiner Theologie zu fromm und zu unpolitisch vorkam. Von hier waren die Karfreitagspredigten Thielickes gegen das Stuttgarter Schuldbekenntnis ausgegangen, und das vertrug sich nicht mit meiner BK-Tradition. Göttingen war damals ein Mekka für kirchen- und gesellschaftskritische Theologie. Meine Lehrer wurden Hans Joachim Iwand, Ernst Wolf und Otto Weber, die sich persönlich und theologisch intensiv mit der NS-Vergangenheit auseinandersetzten und uns theologische Grundlagen für ein zur Welt und Ökumene offenes Selbst- und Kirchenverständnis gaben. M.E. sind schon hier Weichen für eine protestantische, politische Theologie gestellt worden, die allerdings erst zwei Jahrzehnte später zum Zuge kam. Einer der Drei – Otto Weber – regte mich an, – vielmehr stieß er mich an, denn ich selbst hätte mir so etwas nicht zugetraut – aus diesem politisch-theologischen Bereich eine Dissertation zu machen über Hermann Friedrich Kohlbrügge, einen holländischen Theologen, dessen deutsche Schüler höchst unterschiedliche politische Wege im Dritten Reich gegangen waren: die einen zur Bekennenden Kirche, die anderen zu den Deutschen Christen.

Ich war die erste »Jungfrau« – virgo doctissima – wie die Promotionsurkunde es nannte – die 1951 an der Evangelisch-Theologischen Fakultät in Göttingen promoviert wurde. Vorher hatte es schon eine verheiratete Frau, die »domina doctissima« genannt wurde, gegeben. Aber damit endete auch meine theologische Laufbahn. Denn ich heiratete, und damit entfielen nach damaligen Bestimmungen alle meine Rechte auf Vikarinnenausbildung, Ordination und Pfarramt. Meine Generation protestierte nicht dagegen, sondern erlag dem süßen theologischen Gift der damaligen Zeit, daß geistige Gleichstellung auch Gleichberechtigung sei. Und sie erlag auch den Illusionen, wie sie in deutscher Gesellschaft und Theologie gepflegt wurden, von Partnerschaft, gleichbegnadet, zugeordnet, komplementär, kommunikativ – wie sie auch von den verschiedensten Theologen immer lockender beschrieben wurden. Letzten Endes war aber ER, der Mann, in ihnen immer der Führende. Er war das A, wie Karl Barth es gesagt hatte, das dem B, der Frau, vorausgeht. Es dauerte lange, bis wir merkten, was die Feministische Bewegung dann deutlich machte, daß solche Partnerschaft die Einschlafpille der Emanzipation sei.

Ich bekam in den nächsten 15 Jahren vier Kinder und zog mit meiner Familie von Ort zu Ort: Berlin, Siegerland, Wuppertal, Bremen, Bonn, Tübingen, USA. (Ich merkte sehr bald, wie meine geistigen und theologischen Fähigkeiten und Interessen schwächer wurden). Abends war ich nach Haus- und Kinderarbeit zu erschöpft, um noch ein geistiges Gegenüber zu meinem Mann zu sein. In der ersten Ehezeit hatte er mir noch seine Produkte: Predigten, Vorträge zur kritischen Einsicht gegeben. Das entfiel bald, vermutlich weil ich nichts mehr dazu sagen konnte und weil ich auch viel zu müde war. Und ich merkte ferner, daß Mitstudenten von früher mich nun höchstens als Frau und Mutter freundlich taxierten und meine eigene Geschichte wie ausgelöscht war. Vor allem wurde mir deutlich, daß die Theologie inzwischen zwar die Arbeiter und die soziale Welt entdeckt hatte, ebenso war sie auf die Psyche gestoßen, und das ergab neue faszinierende Theologie-Entwürfe, in die auch gerade Frauen sich mit Elan einbrachten, doch die Welt der Hausarbeit und die Welt der Frauen blieben unentdeckt und ohne Relevanz für die Theologie. Meine Existenz und meine Theologie hatten keinerlei Berührungspunkte mehr.

Als die Kinder größer wurden und ich etwas Oberlicht bekam, merkte ich aber mit Entzücken, daß sich außerhalb der deutschen, theologischen Grenzen etwas tat, was mich aufhorchen ließ. Auf der Weltkirchenkonferenz in Uppsala 1968 war von Menschenrechten die Rede. Das war mir im deutschen Kontext bisher nicht begegnet, aber Menschenrechte betrafen die einzelnen, also auch die Frau. Außerdem war dort von Partnerschaft die Rede, und diese Partnerschaft war nicht deutsch-tiefsinnig und barthianisch, sondern sehr angelsächsisch: Partnerschaft als dynamischer Prozeß und Partnerschaft von Gleichen. Als ich in diesem Zusammenhang mal die Stimme von Philip Potter im Radio hörte, kam sie mir vor wie die Stimme eines Engels vom Himmel.

Eine andere wichtige Erfahrung war, als James Cone, der afro-amerikanische Befreiungstheologe, uns besuchte und mir die Befreiungstheologie mit ihrem ganz anderen Ansatz deutlich wurde: bei der Erfahrung von Menschen anzusetzen, die nicht zur herrschenden, weißen Männerschicht gehören.

Eine dritte Erfahrung war mir die 68er Studentenbewegung: Plötzlich saßen bei uns im Wohnzimmer Theologen und Theologinnen, die nicht mehr über Trinität, Theodizee, Kindertaufe diskutieren wollten, sondern über Basisdemokratie, Stamokap, imperatives Mandat. Theologie war ein Stück erdhaft geworden.

Als ich schließlich durch amerikanische Freunde Anfang der 70er Jahre Bücher und Papiere der amerikanischen, theologischen Frauenbewegung in die Hände bekam, als ich auf einer USA-Reise merkte, daß es hier ein anderes theologisch-soziales Denken gab, das bei der Frau ansetzte, drehte sich meine Welt, in der ich mehr als 40 Jahre gelebt hatte, um 180 Grad. Ich war ich, ich war somebody, ich mußte mich nicht mehr nur in einer Funktion als Mutter und Ehefrau sehen und – ich begann zu schreiben. Zunächst arbeitete ich unsere deutsche, christliche Frauengeschichte des vergangenen Jahrhunderts auf, in der stets Ordnungs- statt Menschenrechtsdenken geherrscht hatte, und ich nannte mein erstes Buch in diesem Bereich: Menschenrechte für die Frau. Dadurch wurde ich aus meinem privaten Bereich in die Öffentlichkeit gestoßen, hatte zunächst Mühe, mich zu artikulieren und mein Selbstbewußtsein zu entwickeln. Dabei halfen mir einmal die große und unerwartete Akzeptanz, die ich von deutschen Frauen erfuhr. Dabei half mir auch das Interesse von manchen Medien, und in diesem Zusammenhang möchte ich die »Evangelischen Kommentare« und deren damaligen Redakteur Hans Norbert Janowski, erwähnen, und dabei halfen mir nicht zuletzt das Interesse und die Neugier meines Ehemanns für die im theologischen Bereich bis dahin unbekannten Fragen.

Ich habe dann in den nächsten Jahren mit anderen Frauen zusammen die Feministische Theologie zu entwickeln versucht, die Theologie, die von den sozialen Erfahrungen von Frauen innerhalb einer sexistischen Gesellschaft ausgeht, die alles theologische Denken hinterfragt oder auch auf den Kopf stellt. Für mich selbst waren es die Erfahrungen einer bürgerlichen Frau gewesen, die ihr Selbst und ihre Identität verloren hatte. Dazu traten jetzt ganz andere Frauenerfahrungen, ohne Selbst selbstlos zu sein, die verschiedensten Erfahrungen von wirtschaftlicher Ausbeutung (Leichtlohngruppen), von Gewalt, Inzest, sexueller Ausbeutung. Dazu kamen Frauenerfahrungen aus der Ökumene von Prostitution, Sextourismus, der Verlust der eigenen Kultur durch männliche, weiße Theologie, koloniale Ausbeutung, und auch durch die Dominanz westlicher, feministischer Ansätze.

Wie können Frauen, aus solchen Erfahrungen kommend, die von der Theologie nie benannt und erkannt sind, befreit werden? Wo findet hier die Botschaft von der Gottesliebe und Gotteskindschaft ihren Ort und ihre Sprache?

Ich nannte in dieser Zeit ein Buch, das weite Verbreitung fand, »Ein eigener Mensch werden«. Damit war der Weg für viele Frauen aufgezeigt. Es ging darum, sich aus Fremdbestimmung zu lösen, sich nicht mehr mit einer abgeleiteten – statt einer eigenen – Identität zufriedenzugeben und das eigene Leben zu bestimmen trotz oder gerade in allen Verwundungen und Verletzungen. Dazu war aber eins wichtig, was Frauen kaum gelernt hatten und was für die meisten Theologen und Kirchenmänner abgrundtiefe Schrecken hervorruft: die Selbstliebe. Sie war von der Psychologie längst entdeckt als notwendig zur Menschwerdung. Sie wird an den Rändern der Kirche in Therapien ständig eingeübt, aber im Zentrum der Kirchen gilt sie immer noch – wie Calvin gesagt hat – als »schädlichste Pestilenz«, obwohl sie direkt aus dem Evangelium stammt: Liebe deine(n) Nächste(n) wie dich selbst! Ein globalisierendes und pauschalisierendes Sündenverständnis beherrscht gegenwärtig die öffentliche Theologie und Predigt und macht sie lieblos und leiblos.

Feministische Theologie tut einen neuen Ort auf, von dem aus Theologie betrieben wird, und sie hat ihren festen Platz an der Basis, in Akademien und auf Kirchentagen gefunden. Für mich erhebt sie keinen Absolutheitsanspruch, wohl aber den Anspruch, gehört zu werden. Ihre Ergebnisse können zuweilen eine männliche Urangst hervorrufen. Die Unfähigkeit vieler Christenmenschen, in Differenzen statt in Dualismen zu denken, erschwert dann den Zugang zu lebenswichtigen anderen Denkmustern. Ein »Entweder-Oder«-Denken zeichnet viele Theologen bis heute aus, und Kirchenleitungen geht es mehr um Einheit als um Wahrheit. Mir scheint, daß noch immer ein religiöser Absolutheitsanspruch Hirn und Herz der Theologie besetzt hält und an neuen Herausforderungen vorbeigeht.

Von hier läßt sich auch das Mißtrauen von theologischen Institutionen, Fakultäten und Kirchenleitungen erklären, die – anders als in vielen westlichen und auch asiatischen und afrikanischen Ländern – Feministischer Theologie und denen in diesem Bereich arbeitenden Frauen wenig Chancen geben. In Deutschland, dem an unterschiedlichsten Theologien reichsten Land, ist man sich – aus unterschiedlichen Gründen – seltsam einig in dem Anschluß Feministischer Theologie aus dem theologischen Diskurs.

Feministische Theologie hat in den letzten 20 Jahren international eine Fülle theologischer Forschung geleistet. Ich nenne nur einige Bereiche: die Neuentdeckung von Frauentraditionen im Alten und Neuen Testament, in Theologie- und Kirchengeschichte; andere hermeneutische Zugänge zur Bibel sind eröffnet worden; in der systematischen Theologie haben Frauen alternative, nicht autoritäre Interpretationen zu Rechtfertigung, Gnade, Leben, Gottesbildern und Christologie eingebracht. Ein neuer Rationalitätsbegriff, in dem nicht mehr Gefühl und Erfahrung abgespalten ist, zeichnet sich ab.

Für mich selbst ist es in den letzten zehn Jahren wichtig geworden, eine Theologie der Leiblichkeit zu entwickeln. Entscheidend ist dafür sehr früh die Analyse der USA-Theologin Rosemary Ruether gewesen, die den tragischen Bruch zwischen dem ganzheitlichen jüdisch-christlichen und dem dualistischen griechisch-aristotelischen Denken aufzeigt. Damit begann die Entwicklung, innerhalb derer der Körper in Gegensatz zum Geist geriet und in der dem Mann der Geist und der Frau die Körperlichkeit zugeordnet wurden. Hier möchte ich ansetzen, um eine frauen- und körperorientierte Theologie wieder zum Leben zu bringen.

Eine Theologie der Leiblichkeit hat für mich drei aktuelle Seiten:

1. eine anthropologische, die bei Menschen in ihrer Ganzheit und nicht in ihrem Sündersein ansetzt,

2. eine kosmische, die im Mikrokosmos Körper auch den Makrokosmos Schöpfung sieht und nicht in einer viel zitierten Sorge um die Schöpfung den Kosmos wieder zum Objekt macht. »Wir müssen uns selbst heilen, um für die Schöpfung wieder zumutbar zu werden« (R. zur Lippe),

3. eine soziale: Die Würde des Menschen ist heutigen UNO-Berichten zufolge in seinem Leibe bedroht: durch Hunger, Folter, Armut. Die Würde der Frau ist – wie spätestens seit der Weltfrauenkonferenz in Peking bekannt ist – darüber hinaus durch sexuelle Gewalt und Schändung bedroht. Auf der Frauenkonferenz in Costa Rica 1993 wurde deshalb gefordert, daß die Theologien des Geistes dekonstruiert werden sollten, die das physische Leben gering achten. Statt dessen wurde von der Theologie ein Diskurs der Verleiblichung gefordert, denn die Auferstehung sei eine Realität im gegenwärtigen Leben.

In diesen Sätzen finde ich mit anderen Frauen der Christenheit mein theologisches Anliegen ausgedrückt. Hier öffnen sich für mich auch die Grenzen einer nur parteilichen Feministischen Theologie zu einer Theologie, die sich am Leib und Leben aller orientiert.

Norbert Greinacher

Ich stamme aus einem Elternhaus, das sehr geprägt wurde von dem »Katholischen Milieu«. Mein Elternhaus war schwarz, wie man es sich schwärzer nicht vorstellen kann. Mein Vater, eines von 17 Geschwistern, aus dörflichem Milieu, wurde – zusammen mit dem späteren Erzbischof Wendelin Rauch – von seinem Dorfpfarrer in Latein unterrichtet, um dann den Sprung ins katholische Knabenkonvikt in Konstanz zu erreichen. Mein Großvater mütterlicherseits – ein erfolgreicher Mittelstandsunternehmer – war jahrelang Landtagsabgeordneter der Zentrumspartei im Badischen Landtag. Meine Großmutter mütterlicherseits war die erste Frau im Kreistag von Freiburg – natürlich als Abgeordnete der Zentrumspartei.

Meine Eltern – ich war der Jüngste von fünf Töchtern und Söhnen – haben mich nie direkt beeinflußt, Priester zu werden. Aber ich habe in Erinnerung, daß sie schon sehr froh waren, als ich – als Benjamin – ihnen meinen Entschluß nach dem Abitur mitteilte, ins theologische Konvikt in Freiburg einzutreten.

Meine Studien – zunächst an der Katholisch-Theologischen Fakultät der Universität Freiburg – habe ich in lebhafter Erinnerung, obwohl sie nun 46 Jahre zurückliegen. Vor allem beeindruckte mich Martin Heidegger, den ich verbotenerweise vier Semester lang hörte, zum Beispiel seine Vorlesung »Was heißt denken?«. Ich mußte immer nach der Vorlesung ins »Collegium Borromäum« hinüberrennen, damit ich beim Abendessen präsent war. Ich vermute, daß der damalige Direktor Schlund wußte, wieso ich außer Atem am gemeinsamen Mahle teilnahm, aber er hat es offenkundig toleriert. Heute bin ich eher skeptisch eingestellt gegenüber meinem damaligen Leh-

Elisabeth Moltmann-Wendel und Norbert Greinacher

rer Heidegger und seinem »Schüler« Bernhard Welte, denen ich damals mit Verehrung zuhörte.

Einen Durchbruch für meinen persönlichen theologischen Werdegang bedeutete das Studienjahr 1952/53 in Paris am »Institut Catholique«. Durch eine »Fügung des Schicksals« erhielt ich ein Stipendium – zusammen mit meinem Studienfreund Bernhard Adler – an dieser Katholischen Privatuniversität. Es war für mich eine unwahrscheinliche Öffnung aus dem »Katholischen Milieu« des Freiburger Katholizismus in das Licht der weiten Welt. Und dies vor allem in zweierlei Hinsicht. Auf der einen Seite erlebte ich, daß es eine »andere Theologie« gab. Vor allem beeindruckt haben mich die Vorlesungen meines Lehrers Danielou, der uns die neuesten Funde von »Qumran« sehr lebendig vermittelte – ich wiederhole: 1952!

Zum anderen kam ich durch eine andere »Fügung des Schicksals« in lebendigen Kontakt mit einer ganzen Anzahl von Arbeiterpriestern, mit der »Mission de France«, vor allem mit meinem verstorbenen Freund Yvan Daniel, der das Buch geschrieben hatte »France – Pays de Mission?« (Frankreich – Missionsland?). Diese Begegnung mit Theologen und Arbeiterpriestern hat mein Leben geprägt.

Wichtig war für mich auch die Berufung in das Redaktionskomitee der Zeitschrift »Concilium Internationale Zeitschrift für Theologie« im Jahre 1969. Ich habe in diesen 25 Jahren meiner Mitgliedschaft, die 1994 durch einen Konflikt beendet wurde, der mich schwer verletzt hat, viel gelernt. Ich habe in dieser Zeit außerordentlich viel neue Erkenntnisse und neue Erfahrungen gewonnen während der jährlichen Generalversammlungen und in persönlichem Kontakt mit den Freundinnen und Freunden, die meine Biographie mitbestimmt haben. Vor allem erwähnen möchte ich, daß ich vermutlich ohne die persönliche Begegnung mit Leonardo Boff und Gustavo Gutierrez im Redaktionskomitee »Concilium« nicht auf eine so existentielle Weise mit der Theologie der Befreiung und den Erfahrungen der Kirche in Lateinamerika in Verbindung gekommen wäre, eine Begegnung, die für mein Leben, meinen Glauben und für meine Theologie von entscheidender Bedeutung war.

Eine weitere Öffnung meines Lebens- und Denkhorizontes waren für mich die Jahre meiner Assistentenzeit in Wien an der Katholisch-Theologischen Fakultät bei meinem unvergeßlichen, verstorbenen Lehrer und Freund Ferdinand Klostermann. Er hatte bereits 1963 meinen Bischof, Herrn Schäufele, gebeten, mich als Assistenten mit dem Ziel der Habilitation zu beurlauben. Schäufele lehnte dies ab, und so wurde ich Pfarrer in Badenweiler im Schwarzwald – nicht die schlechteste Zeit meines Lebens.

Buchstäblich auf den Stufen der Peterskirche in Rom trafen sich Schäufele und Klostermann – es war die Zeit des Zweiten Vatikanischen Konzils – und Klostermann war »Peritus«. Klostermann fragte wiederum Schäufele, ob er denn Greinacher nicht beurlauben könnte mit dem Ziele der Habilitation. Schäufele gab sofort seine Einwilligung mit der Bemerkung, er habe Greinacher wohl Unrecht getan.

Die Zeit in Wien (1965-1966) war für mich sehr wichtig. Auf der einen Seite wurde ich mit meinen späteren Freunden Otto Maur (Akademikerseelsorger und Begründer der »Galerie nächst Stephan«) und Karl Strobel (Studentenseelsorger) bekannt, denen ich sehr viel verdanke. Auf der anderen Seite trat ich in Kontakt mit vielen Theologen, Freundinnen und Freunde in der damaligen DDR, im damaligen Jugoslawien, in Polen und Ungarn, was meinen Erfahrungshorizont außerordentlich erweiterte. Erschreckend für mich ist allerdings, daß diese vielfältigen Kontakte nach der Wende 1989 so gut wie eingeschlafen sind – trotz vielfältiger Bemühungen meinerseits.

Wichtig für mich war auch meine Zeit, die ich an der Katholisch-Theologischen Fakultät der Universität Münster verbrachte, wo ich fünf Semester lehrte. Vor allem die freundschaftlichen Verbindungen mit Karl Rahner, Johann Baptist Metz, Walter Kasper und Karl Lehmann waren für mich von großer Bedeutung.

Die erwähnte Verbindung mit Leonardo Boff und Gustavo Gutierrez im Rahmen von »Concilium« sowie die Begegnung mit Johann Baptist Metz und – zunächst auf der Grundlage der

Veröffentlichungen – mit Jürgen Moltmann bildeten für mich eine entscheidende theologische Wende. Ich erkannte, daß man nicht am Sonntag auf der Kanzel von Freiheit, Gleichheit, Geschwisterlichkeit, Gerechtigkeit und Subsidiarität predigen kann, ohne am Montag sich für mehr Gerechtigkeit in unserer politischen Gesellschaft einzusetzen. So versuchte ich nach meinen Kräften, mich auch politisch zu engagieren: als Mitbegründer des August-Bebel-Kreises, als Mitglied der Sozialdemokratischen Partei Deutschlands, als Blockierer des Atomraketen-Stützpunktes in Mutlangen usw.

Die Theologie der Befreiung stellte sich in meinen Augen als eine authentische Antwort des christlichen Glaubens auf die unmenschliche Situation der meisten Menschen in Lateinamerika dar. Viele Reisen nach Lateinamerika bestärkten mich in dieser Auffassung. Auf der einen Seite erschüttert mich immer wieder die unmenschliche Situation der Armut in den Slums von Sao Paulo, in den Landgebieten von Guatemala, in den Vororten von Lima in Peru und anderswo. Mit einer solidarischen Teilnahme an der Kaffee-Ernte in Nicaragua wollte ich – zusammen mit Henning Scherf und anderen – ein Beispiel geben. Meine letzte latein-amerikanische Exkursion mit 17 Teilnehmerinnen und Teilnehmern im September 1995 nach Mexiko und Guatemala sollte auf der einen Seite ein Zeichen der Solidarität mit den Christinnen und Christen dort sein. Auf der anderen Seite habe ich den Eindruck gewonnen, daß die Teilnehmerinnen und Teilnehmer Erfahrungen gewonnen haben, die sie ihr Leben lang nicht vergessen werden.

»Um mehr Toleranz zu erreichen und die konfessionellen Ecken abzuschleifen« (so König Wilhelm I. von Württemberg), wurde 1817 die Katholisch-Theologische Fakultät von Ellwangen nach Tübingen verlegt. Der Legende nach waren die Katholischen Theologieprofessoren die ersten Katholiken in der Stadt Tübingen. Diese ökumenische Weite habe ich erlebt und erfahren, als ich am 1.11.1969 nach Tübingen berufen wurde und seit diesem Datum in Tübingen lebe, forsche und lehre. Diese ökumenische Verbundenheit hat auch ihren baulichen Ausdruck gefunden, als unter Einfluß des damaligen Universitätsbaudirektors Lembke und nicht ohne mein Zutun – ich war Baubeauftragter meiner Fakultät – im Jahre 1989 ein nach meinem Urteil ästhetisch sehr schönes und in der Praxis sehr bewährtes Oktagon die Bibliotheken der beiden Fakultäten zusammenfaßte. Herr Lembke sagte damals zu mir dem Sinne nach: Es ist notwendig, die Ökumene durch bauliche Strukturen herbeizuzwingen!

Nicht unerwähnt lassen möchte ich in diesem Zusammenhang auch die »Theologisch-Philosophische Arbeitsgemeinschaft«, in der sich seit etwa 20 Jahren in Zusammenarbeit mit meinem evangelischen Kollegen, Professor Dr. Dietrich Rössler, und meinem katholischen Kollegen, Professor Dr. Georg Wieland, etwa ein Dutzend evangelische und katholische Assistenten, Promoventen und Habilitanden in ökumenischer Gemeinsamkeit zu einem wissenschaftlichen Gespräch in meiner Wohnung versammeln. Gleichzeitig möchte ich noch hinweisen auf die Ökumenische Arbeitsgemeinschaft, die sich während der Vorlesungszeit ca. alle vier Wochen in ökumenischem Dialog vereinigt.

Was mir in den letzten Jahren meines theologischen Denkens immer wichtiger geworden ist, stellt die prophetische Dimension des christlichen Glaubens und der christlichen Theologie dar. Dabei verstehe ich den Propheten nicht im Sinne der Umgangssprache als einen Menschen, der die Zukunft vorhersagt, sondern ich meine damit Menschen, die aus den Wurzeln der jüdischen und christlichen Traditionen heraus die heutige Situation kritisch beurteilen und das sagen, was »hic et nunc« zu tun ist. Ich habe den Eindruck, daß in Kirche und Theologie diese prophetische Dimension des christlichen Glaubens immer mehr verlorengegangen ist, obwohl es zum Beispiel im ersten Korintherbrief heißt: »Und Gott hat erstens die einen in der Kirche zu Aposteln bestimmt, zweitens andere zu Propheten und drittens noch andere zu Lehrern« (12,28).

Es ist unerläßlich, daß die Kirche wieder auf heutige Propheten hört, zum Beispiel auf einen Bischof Gaillot in Frankreich, auf einen Bischof Ruiz in Mexiko, auf den eben erst verstorbenen Bischof Hypolito in Brasilien, auf einen Seelsorger wie Heinz Schulz im Bahnhofsviertel von Frankfurt, auf einen Theologen wie Tissa Balasuriya in Sri Lanka, um nur einige zu nennen.

In meiner Kindheit, in meiner Jugend und als heranwachsender Priester und Theologe war für mich der christliche Glaube, die Autorität der Kirche und das Gebäude der katholischen Schultheologie fraglos, und sie gaben mir Halt und Sicherheit.

Allmählich aber stellten sich Fragen über Fragen, vor allem die Theodizee-Frage. Verschärft hat sich diese Frage für mich persönlich, als ich – zum wiederholten Male – mit einem Dutzend meiner Studierenden ein Kompaktseminar in der Stiftung Liebenau abgehalten habe, einer kirchlichen Stiftung in der Nähe von Ravensburg im schwäbischen Oberland, die etwa 2000 behinderten Menschen eine Heimat bietet. Einen Tag verbrachte ich – wie alle meine Studierenden – von 8 Uhr morgens bis 20 Uhr abends in einer Wohngruppe mit zehn schwerstbehinderten Menschen: körperlich und geistig Behinderte, mit denen ich kein auch nur einfaches vernünftiges Gespräch führen konnte; zumTeil deshalb, weil sie nicht sprechen konnten, oder zum größeren Teil, weil das, was sie über die Lippen brachten, unverständlich oder völlig wirr war. Die Frage nach Sinn oder Unsinn des Lebens stellte sich für mich und meine Studierenden auf schreckliche Weise.

Als mein verstorbener Freund Walter Dirks, ein katholischer engagierter Journalist, seinen Freund Romano Guardini, einen der bedeutendsten katholischen Theologen dieses Jahrhunderts, auf dem Sterbebett besuchte, sagte Romano Guardini dem Sinne nach zu Walter Dirks: Ich bin bereit, vor den Richterstuhl Gottes zu treten und mich von ihm über mein Leben befragen zu lassen. Ich habe gesündigt, und ich will darüber vor Gott Rechenschaft geben. Aber ich habe dann auch Fragen an Gott zu stellen, und ich werde auf einer Antwort bestehen, was zum Beispiel das Schicksal der unschuldigen Kinder, die leiden, betrifft.

Nach unseren allgemeingültigen Normen stellt dies ein Paradox dar. Der Angeklagte befragt den Richter!

Die Frage nach Sinn oder Unsinn des menschlichen Lebens haben sich europäische Christinnen und Christen vor allem anläßlich des Erdbebens von Lissabon am 1. November 1755 gestellt. Wir können uns heute gar nicht mehr vorstellen, welche geistige und geistliche Erschütterung durch die abendländische Christenheit ging, als in wenigen Minuten die Stadt Lissabon in Schutt und Asche fiel und etwa 60.000 Menschen getötet wurden. Damals wurde die etablierte, wohlgeordnete christliche Ordnung des Abendlandes erschüttert. Der Glaube an die göttliche Vorsehung und die Vernunft des Weltgeschehens erhielt einen entscheidenden Stoß. Der Optimismus der Aufklärung brach zusammen. Noch fünf Jahre vor der Lissaboner Katastrophe hatte Jean Jacques Rousseau 1750 seinen »Discours sur les arts et les sciences« geschrieben, sein Gespräch über die Künste und die Wissenschaften, in dem er den kulturellen Urzustand der Menschheit als den glücklichsten bezeichnete, woraus dann bei den Zeitgenossen die Losung »retour à la nature« (zurück zur Natur) entstand. Und schon Jahre davor, im Jahre 1697, stand der deutsche Philosoph Gotthold Wilhelm Leibniz in einem Briefwechsel mit der Königin Sophie Charlotte von Preußen. In diesem Briefwechsel hat Leibniz zum ersten Mal den Begriff »Theodizee« in Anlehnung an den Römerbrief 3,5 verwendet und damit einen Begriff geprägt, der bis heute die theologische Diskussion entscheidend beeinflußt. Wie ist der Gedanke eines menschenfreundlichen Gottes mit dem Gedanken der Gerechtigkeit Gottes zu vereinbaren? Voltaire hat nach Lissabon die Fragen gestellt: Welches Verbrechen, welche Sünden haben Kinder begangen, die blutend vom Schoß der Mutter gerissen wurden? War Lissabon, das untergegangen ist, lasterhafter als London, als Paris, die in Genüssen schwelgen? »Lissabon ist vom Abgrund verschlungen und Paris tanzt.«

Und diese Frage nach der Gerechtigkeit Gottes hat sich nach dem Holocaust noch verschärft, dem ca. sechs Millionen Menschen zum Opfer fielen.

Mich persönlich aber hat vor allem noch einmal die Tatsache erschüttert, daß im 16. Jahrhundert, im Namen der Kirche etwa 80 Millionen Indios der Vernichtung anheim fielen. Tzvetan Todorov schreibt: »Das 16. Jahrhundert sollte Zeuge des größten Völkermordes in der Geschichte der Menschheit werden.«

Aus einer Theologie der Sicherheit und der Fraglosigkeit wurde für mich also zunehmend eine Theologie des Zweifels. Ich tröste mich dabei mit der Aussage des Matthäus-Evangeliums, daß die elf Jünger nach der Auferweckung Jesu sich nach Galiläa auf den Berg zurückzogen, wohin sie Jesus beschieden hatte. »Und als sie ihn sahen, warfen sie sich vor ihm nieder. Sie aber zweifelten« (28,16f.).

3. Runde

Jörg Zink
Philip Potter
Hans Küng

Jörg Zink

Meine verehrten Damen und Herren, die Anfänge meines theologischen Weges liegen genau fünfzig Jahre zurück, hier in Tübingen. Im Wintersemester 1945/46. Wir kamen damals aus fünf Jahren Krieg und Gefangenschaft zurück und wollten hören, ob uns etwa die Theologie nach dem großen Einbruch aller Grundlagen neuen Boden unter die Füße geben könne. Ich berichte darüber nicht als akademischer Theologe, sondern als Werktagschrist, der sein Leben lang von Werktagsmenschen umgeben war.

Wir hätten damals eine Theologie gebraucht, die in diesem Abbruch selbst formuliert worden wäre, und Ansätze dazu waren spürbar. Aber im Ganzen stammte, was man uns anbot, aus den zwanziger Jahren. Es war einerseits eine autoritative Worttheologie, die den orientierungshungrigen Heimkehrern festen Stoff anbot und die immerhin klar sagte, was Sache sei. Es war andererseits die beginnende Debatte um die Entmythologisierung des Neuen Testaments, an der wir unser theologisches Selbstbewußtsein aufbauten. Und da in unserer Jugend von Respekt vor fremder Überzeugung nichts zu lernen gewesen war, geriet der Streit zwischen Barthianern und Bultmannianern – und auch Pietisten – zu einer Art Fortsetzung des Krieges mit anderen Mitteln. Er hat unser Studium beherrscht. Da ich selbst aber den Krieg haßte, habe ich mich bald aus dem Streit auf meine eigenen Erfindungen zurückgezogen. Später gewannen wir Dietrich Bonhoeffer hinzu als das Beispiel der Bewährung, das uns zu Theologen erzog. Bonhoeffer war damals das große Alibi von Kirche und Theologie, das beweisen sollte, man habe Widerstand geleistet. Und prägend stand mir damals ein schlichter Pfarrer vor Augen, ein frommer Pietist, der mich in der Gefangenschaft geistlich aufgefangen hatte. So einer wollte ich werden.

Heute frage ich mich vor allem, was wir damals nicht gelernt haben. Was damals ausgespart wurde. Nun, man lehrte uns, fremde Religionen kennen zu lernen sei entbehrlich. Alle Wahrheit sei im christlichen Glauben versammelt. Man lehrte uns, der Mythus sei eine überholte Weise zu denken. Also waren uns alle frühen Formen von Frömmigkeit uninteressant. Es war klar, daß der Seelsorger keiner tiefenpsychologischen Kenntnis bedürfe. Ein Lehrer, der uns empfahl, C.G. Jung zu lesen, wurde offen verspottet. Etwas wie Selbsterfahrung war entbehrlich. Wir sahen in ihr eine für einen Theologen unpassende incurvatio in se ipsum. Die Historie galt trotz vorzüglicher kirchengeschichtlicher Vorlesungen als unwichtig, weil sich ja alles Heil in der gegenwärtigen Glaubensentscheidung abspiele. Wirkungslinien von der Theologie hin zu politischen oder gesellschaftlichen Fragen wurden selten und schüchtern gezogen. Auch originelle Anfänge einer politischen Theologie, wie der von Helmut Thielicke, ließen sich unter dem Druck einer konservativen Gesamtmeinung im beginnenden kalten Krieg bald abbiegen. Man kann auch darüber staunen, daß etwa über die Frage, wie Kriege künftig zu vermeiden seien, oder wie Frieden auszusehen habe, nur in kleinen theologischen Zirkeln, wie etwa der schwäbischen Sozietät, nachgedacht wurde, wenig aber an den Fakultäten, und das in einer Zeit, in der die Opfer des Krieges mit Krücken und Blindenschriftapparaten in den Vorlesungen saßen. Immerhin: Wer unter den einzigen Drei von vierhundert Fliegerkameraden den Krieg überlebt hat, der muß schon aushalten, was die Frage nach dem Frieden ihm auferlegt.

Und vor allem: Eine Auseinandersetzung mit dem Nationalsozialismus, der damals mehr scheintot als tot war, fand so gut wie nicht statt. Sie hätte von allzu vielen unserer Lehrer eine Art von Sündenbekenntnis verlangt. Es war die Atmosphäre einer verlegenen Restauration, die gerne so getan

Jörg Zink

hätte, als sei nichts gewesen. Und so waren wir insgesamt nach unserem Studium 1950 auf die Herausforderungen der zweiten Jahrhunderthälfte denkbar schlecht vorbereitet.

*

Von hieraus also soll ich sagen, was sich bei mir geändert habe. Wandlungen in einem Menschen haben ja viele Aspekte, zum Beispiel: Was hat sich im Lauf von fünfzig Jahren verstärkt? Was kam neu hinzu? Was hat einer hinter sich gelassen? Worin blieb er mit sich allein? Worin hat er am Ende zu seinen Anfängen zurückgefunden? Worin ist er sich gleich geblieben? Was ist vielleicht in kleinen Anfängen in ihm glaubwürdiger geworden? Worauf denkt er heute hinaus? Gehen wir diese Reihe von Fragen kurz entlang. Es ist ein angemessener Stoff für dieSelbstprüfung eines über Siebzigjährigen.

Also: Was hat sich verstärkt? Zunächst das Bedürfnis einer politischen Mitwirkung. Vom religiösen Sozialismus meiner Eltern über die Demonstrationen gegen die Wiederbewaffnung Westdeutschlands um 1950 bis zur Friedensbewegung, bis zu den Besetzungen und Menschenketten der achtziger Jahre war es eine logische und gerade Linie. Der persönliche Beginn lag für mich im Krieg, währenddessen ich im Gefängnis einem mitgefangenen französischen Widerstandskämpfer begegnete, der vor seiner Hinrichtung stand. Diese noble, sensible und unbeugsame Gestalt hat mich damals von nationalem Dünkel kuriert und mir gezeigt, wie ein Widerstand gegen das Unrecht auszusehen habe und was er aus einem Menschen zu machen vermöge.

So war für mich die Erfindung einer politischen Theologie in den sechziger Jahren eine Befreiung. Es war endlich erlaubt, von der Theologie her die Zustände im gesellschaftlichen Raum anzugehen, als Dorothee Sölle und Johann Baptist Metz die Wendung vollzogen von einer existenzialen bzw. transzendentalen Hermeneutik in eine politische. Leider ist der Sinn dieser Wendung den Kirchen erst mit durchschnittlich zwanzigjähriger Verspätung aufgegangen. So spät, daß ich noch 1980 den Kirchendienst verließ – in freundlichem Einvernehmen mit meiner dankbaren Obrigkeit – um ernsthaft für die Friedens- und Ökologiebewegung reden zu können.

Denn auch auf diesem Feld brauchte ich diese Freiheit. Als ich 1965 zum Thema »Zerstörung der Schöpfung« zwei Filme im Fernsehen brachte, fand meine Kirchenleitung, ich möge mich theologischen Fragen zuwenden. Dieses Thema solle ich dem Staat und der Wirtschaft überlassen. Wohlgemerkt: Die Leute waren keine schlechten Theologen, sie waren eben Kinder jener Theologie, die nach dem Krieg zu lernen war, für die das Interesse am ersten Glaubensartikel auf den Streit um das zusammengeschrumpft war, was man die »natürliche Theologie« nannte.

Eine Schöpfungsspiritualität, wie sie heute gefunden wird, etwa bei Moltmann, ganz anders bei Matthew Fox oder noch einmal anders im Feminismus, wird uns als Hausaufgabe noch tief ins neue Jahrhundert begleiten. Eine Theologie, die nichts kennt als die einsame Familiengeschichte oder Familientragödie zwischen Gott und Mensch, gehört der Vergangenheit an. Dabei werden wir wohl auch an dem lange vergessenen Gedanken vom kosmischen Christus wieder vorbeikommen, den wir ja auch brauchen werden, wenn unser Dialog mit fremden Religionen theologisch verantwortet werden soll.

Einen der Schritte, die die Theologie vollzog, sah ich nur aus der Ferne. Die Befreiungstheologie. Ich bin ja mit meiner ganzen Arbeit dem provinziellen Rahmen von Deutschland und Umgebung nicht entronnen, während meine Altersgenossen sich längst im Orbit um die Erde befanden. Was mir aber sehr entgegenkam, war der feministische Flügel der Befreiungstheologie. Ich mußte schon als Schüler in den dreißiger Jahren jeden Monat einmal in eine Buchhandlung gehen und für meine Mutter »die Welt der Frau« abholen. Ich habe natürlich auch darin gelesen und dabei die großartigen Frauen kennengelernt, die hinter diesem Blatt standen. Und meine Mutter erzählte mir als Fünfzehnjährigem von der heimlichen Frau, die jeder rechte Mann in sich habe und die er nicht verhungern lassen dürfe. Und mir liegt dabei ein gutes Stück Sensualität am Herzen, die von den Männern immer verdächtigt worden ist, und ich verstehe in diesem Zusammenhang die Suche nach Leiblichkeit, die Elisabeth Moltmann bewegt. Daß indessen unter Männern auch der Kirche die kindliche Angst vor den Frauen nicht nachlassen will, hat mich seitdem immer auf grimmige Weise belustigt.

Was hat sich noch verstärkt? Ich habe 1946 mit einem orthodoxen Bischof, einem katholischen Abt und mit dem Leiter der EKD-Kanzlei, Hans Asmussen, zusammen in einem katholischen Kloster eine Eucharistie gefeiert. Mir ist seitdem nie mehr etwas wie eine konfessionelle Einbindung gelungen. Und ich denke, wir gehen heute über die Ränder unseres archaischen Sektenbewußtseins hinaus, fröhlich und unbekümmert, wo immer die Mauerreste der Konfessionen wie Steinriegel aus dem Mittelalter in der Landschaft herumliegen. Ich feiere immer wieder mit irgendeinem katholischen Preister zusammen die Eucharistie. Denn die Konfessionen sind töter als sie vorgeben, und es wird Zeit, in voller Freiheit ein gesamtchristliches Konzil – und sei es ein informelles und also aussichtsloses – ins Auge zu fassen, etwa nach den längst vorliegenden Anregungen von Yves Congar, Heinrich Fries oder Karl Rahner, und nicht zu warten, bis uns eines Tages der Geist Gottes den Kopf darauf stößt, wir hätten nicht erkannt, was zu unserem Frieden dient.

Nicht geändert, sondern eher verstärkt hat sich bei mir in den letzten fünfunddreißig Jahren eine gewisse Distanz zur Sprache Kanaans, seit ich angesichts der Bibelfremdheit junger Menschen versuchte, biblischen Texten mit viel Phantasie Leben einzuhauchen. Ich sagte mir damals: In diesen Texten muß doch Musik sein. Das ist wichtiger als die Treue zum antiken Satzbau. Ich würde es heute mit noch unbekümmerterer Freiheit tun.

Verstärkt hat sich in dieser Zeit auch mein Nichtinteresse am theologischen Streit. Als was bin ich von lieben Amtsbrüdern nicht alles schon beschimpft worden. Kaum ein Feindbild der westdeutschen Bürgerideologie ließ man aus. Dabei hat sich mir der doppelte Grundsatz bewährt, auf jedes Gesprächsangebot sofort einzugehen, aber auf keinen Angriff, der unter der Gürtellinie geschah, zu reagieren. Auch nicht auf den letzten, ich sei ein Antijudaist. Ich habe jeweils meine Sache gesagt und es dem

Hörer überlassen, sich seinen Reim darauf zu machen. Zu streiten wollte ich mir abgewöhnen. ich sehe in der rabies theologorum nichts, das der Wahrheit dienlich wäre. Ich wünsche mir eine Theologie und Kirche, in der frei und offen über alles das gesprochen werden kann, was uns allen notorisch unklar ist. Das heißt über das ganze Feld der Theologie. Ein Gespräch wünsche ich mir, in dem nicht primär nach Irrtümern gefahndet wird, sondern in dem auch ungewohnte Sätze gelten dürfen, auch solche, die nach bisherigen Maßstäben falsch sind, die sich aber vielleicht einmal als wahr offenbaren könnten. Ich halte die Rechthaberei unter den Theologen für die einzige wirkliche Irrlehre.

*

Was kam neu hinzu? Einen wichtigen Schritt, der uns wirklich Neues brachte, sehe ich in den sechziger Jahren in der Wiederentdeckung der Eschatologie durch den Freund, den wir heute feiern. Sie hat uns von der Schmalspur-Eschatologie unserer Studienzeit frei gemacht. Es war danach wieder erlaubt, in die Zukunft zu blicken, von der Zukunft Heil zu erwarten und auf dieser Erde etwas wie Heil zu bewirken.

Was danach neu auf mich zukam war das Ende der rechthaberischen Religionskritik in der Theologie. Ich meine es sei Zeit, mit fremden Religionen ehrfürchtiger und behutsamer umzugehen als bisher. Hans Küng hat uns dazu viel gesagt. Unser Ziel muß eine interreligiöse, ökumenische Theologie sein. Um sie zu finden, werden wir, wie schon Paul Tillich angeregt hat, eine systematische Theologie entwickeln müssen, die an der ganzen Problem- und Faktenfülle der Religionswissenschaft entlang strukturiert ist und die für den Dialog mit den fremden Religionen ordnende Vorgaben bereitstellt.

*

Was habe ich hinter mir gelassen? Das erste, das ich hinter mir ließ, war die kirchliche Dogmatik von Karl Barth. Nach etwa 8.000 Seiten faszinierter Lektüre kam ich ungefähr zu dem Urteil, das neulich Eberhard Jüngel in der Züricher Zeitung abgab: so lang kann die Wahrheit gar nicht sein. Ich habe mich von Barth schon vor vierzig Jahren mit großer Dankbarkeit verabschiedet.

Das zweite war ein Erbstück der lutherischen Tradition: die Zweireichelehre. Ich sagte mir: Lebe ich als Demokrat in einem annähernd demokratisch verfaßten Land, dann kann ich zu einer weltlichen Obrigkeit unmöglich so ehrfürchtig aufschauen, wie dies zu den Zeiten von Fürsten und Königen tunlich war. Ich empfand früh, daß uns dieses theologische Götzenbild mit eisgrauem Bart hinterherlief. Müßten wir nicht versuchen, alle Kräfte dieser Gesellschaft einschließlich Staat und Kirche organisch miteinander zu vernetzen? Und hat dies unselige Zweireichelehre es in fünfhundert Jahren unserer Kirchen nicht erlaubt, dem jeweiligen Staat mit ganzem Herzen, mit ganzer Seele und mit allen Kräften dienstbar zu sein? Und drückt sich das nicht bis heute in dem reaktionären Staatskirchenrecht unseres Landes deutlich aus.

*

Was mußte ich allein finden? Ich habe vor vierzig Jahren bei Gerhard Ebeling die Neuformung der Hermeneutik erlebt. Oder bei Ernst Käsemann. Oder bei Ernst Fuchs, der mit seiner Hermeneutik von 1954 den Anstoß gab, wir sollten Paulustexte in heutige Umgangssprache herüberholen. Daß es eine Verantwortung gebe nicht nur für das, was ich sage, sondern auch für den Zustand, in dem mein Wort im Ohr des Hörers ankommt, das war bei Fuchs zu lernen.

Was ich allerdings immer vermißt habe, daß war die Beschäftigung mit den Beziehungen zwischen Wort und Bild. Denn Hermeneutik ist ja nicht nur eine Beschäftigung mit dem Wort, sondern vor allem auch mit den Bildvorstellungen von Menschen. Das Bild steht für die Realität, die das Wort meint, und übersetzt habe ich ja erst, wenn mein Wort in einem heutigen Menschen Vorstellungen geweckt hat, die den Vorstellungen eines antiken Schreibers nahekommen. Und was soll denn einer tun, der ein Leben lang Fernsehen machen soll, also das

Wort als Bildfolge verkaufen, solange es in der Theologie für eine Hermeneutik des Bildes kaum Anfänge gibt? In diesem Zusammenhang habe ich immer wieder auch eine breitere Theologie des Schönen vermißt, für die wir ja in der Regel höchstens einen Stehplatz reservieren.

Gibt es etwas, das mich auf meine alten Tage wieder zu meinen Anfängen zurückführt? Ja, das gibt es, und zwar tut es das mit zunehmender Kraft. Es ist das Thema Mystik. Ich habe schon als Kind und Jugendlicher intensive mystische Erfahrungen gemacht und habe seither immer unter der Lässigkeit gelitten, mit der unsere Theologie die religiöse Erfahrung,die religiöse Unmittelbarkeit und mit ihr alles Mystische vom Tisch gewischt hat. Mit zwanzig Jahren schrieb ich aus dem Krieg nach Hause: »Wenn das Christentum nicht seinen mystischen Hintergrund wieder entdeckt, dann hat es uns nichts mehr zu sagen.« Zu diesem Satz stehe ich nach mehr als fünfzig Jahren mit aller Entschiedenheit. Ich habe mich leider über lange Zeiten meines Lebens dem Verbot, den christlichen Glauben mystisch auszulegen, das uns als Studenten eingebleut wurde, gefügt. Heute beginne ich, von dieser Wendung unserer Verkündigung in die mystische Bildsprache, die geprägt ist von Erfahrung und Unmittelbarkeit, von Sinnlichkeit und Tatbereitschaft, klarer zu reden.

Was wäre denn mit einer Neuentdeckung der mystischen Tradition zu gewinnen? Zunächst ein neuer Blick auf die lange Zeit verdrängte, tatsächlich in vielen Facetten vorliegende biblische Mystik. Aber auch eine vertiefte Spiritualität die uns Protestanten so sehr mangelt. Wir könnten unser einseitig theistisches Gottesbild erweitern. Wir könnten uns von einem uralten christlichen Dualismus verabschieden. Wir könnten auch die sozialpolitische Energie wiederfinden, die von der Mystik von jeher ausgegangen ist. Wir fänden eine neue Sprache für unsere Auseinandersetzung mit der modernen Naturwissenschaft. Wir könnten auch Material gewinnen für unseren Brükkenbau zwischen den Konfessionen. Endlich fänden wir auch einen neuen Mut zum prophetischen Amt der Kirche. Denn

Mystik und Prophetie sind ja keine Gegensätze, sie gehen vielmehr auseinander hervor.

Jedenfalls hoffe ich in dieser Sache wie auch in einigen anderen auf eine Zeit, in der die rechte Gehirnhälfte der Theologen mehr sein wird, als nur eine Trockenpflaume.

Mein wichtigster Lehrer war vor 1950 Romano Guardini. Ich gebe als evangelischer Theologe gerne bekannt, daß mein entscheidender Lehrer ein Katholik war.

*

Was hat sich in mir nicht verändert? Ich hoffe: das meiste, und daß ich mich im ganzen durchgehalten habe. Es hat sich mir bewährt, in der theologischen Diskussion von 50 Jahren mindestens jede zweite Mode freundlich auszulassen und Zeitmeinungen nur zu teilen, wenn sie mit der eigenen Überzeugung eins waren. Man steht zum Beispiel fünfzig Jahre des Redens auf der großen Freilichtbühne publizistisch nicht durch, wenn man alle zehn Jahre als ein anderer in Erscheinung tritt, sondern nur dann, wenn man während dieser ganzen Zeit erkennbar derselbe bleibt. Denn jedes Trittbrettfahren mit den Modemeinungen verrät immer auch den Verrat am eigenen Auftrag.

*

Die entscheidende Schlußfrage: Hat sich in mir selbst das eine oder andere ein wenig zum Besseren verändert? Das möchte ich, mit Vorsicht, hoffen.

Ich war immer ein ungeduldiger Mensch. Ich konnte es nie ausstehen, wenn ein Theologe seine Jahre mit Schlafen verbrachte. Ein kleines Pflänzchen von Geduld ist vielleicht inzwischen gediehen.

Ich war immer ein Einzelgänger. Ich habe nie an Kommissionen geglaubt. Ich fand immer, was einem allein nicht einfällt, das falle ihm auch in einer Kommission nicht ein. Heute bemerke ich, wieviel Phantasie doch auch andere aufgebracht haben, die auch mir hätte nützlich sein können. Und die Freundschaft nimmt für mich mit den Jahren an Gewicht zu.

Ich wollte immer das Ganze der Theologie und das Ganze einer kirchlichen Arbeit. Heute meine ich, wir seien nie für ein Ganzes verantwortlich, auch nicht für die ganze Wahrheit, sondern immer nur für die Teilwahrheit, die uns heute anvertraut wird. Ein klein wenig Altersbescheidenheit ist keine Schande.

Ich meine heute auch, es gäbe Dinge, die wichtiger sind als das Verstehen. Als junger Mensch las ich an der Wand in der Aula meiner Schule: Sapere aude. Wage es mit dem Wissen. Heute würde ich darunter schreiben: Nimm dein Wissen nicht so wichtig. Die Liebe Gottes ist wichtiger.

Ich habe seit fünfzig Jahren für Frieden geredet, geschrieben, demonstriert. Vielleicht bin ich dabei doch auch selbst ein wenig friedlicher geworden.

Ich habe ein Leben lang für die Bewahrung der Schöpfung gestritten. Heute wünsche ich mir, noch etwas zu erreichen wie ein pflanzliches Leben, das Leben einer vom Aussterben bedrohten, aber doch geschützten Pflanze. Und nach dem Ende des ewigen Redens vor allem im Gespräch zu sein mit Bäumen und mit Käfern. Mich also zu wandeln vom Schreibtischtäter nicht gerade in eine Topfpflanze, aber doch in irgendein Wildkraut.

Und das, während mir die Zuversicht abhanden kommt, das Leben auf dieser Erde sei noch zu retten. Und während die Zukunft für mich zunehmend apokalyptische Züge annimmt.

*

Jedenfalls: Es ist sehr unklar, was die Zukunft bringen und was sie von uns fordern wird. Vom Bestand unseres bisherigen Nachdenkens werden wir nicht leben können. Sie ist offen und für rechthaberische Prognosen ungeeignet. Denn Wege, die in die Zukunft führen, liegen nie als Wege vor uns. Sie werden zu Wegen erst dadurch, daß man sie geht.

Philip Potter

It is a privilege and pleasure for me to congratulate you, Jürgen, on attaining the biblical age of seventy. I heartily welcome you to the 70s club, and assure you that is is great fun to be free to choose how to live and work, and to be more irreverent in what we say and write, especially as we have learned so much from you in your writings and presence in so many countries.

At this Symposium we have been asked to share our experience and movements of thoughts during thirty or more years up to now, and to indicate what we perceive as open questions which preoccupy us. I am the odd man out here, because I am the only Third World person in this distinguished panel and I cannot claim to be an academic theologian. Nor have I written much. However, as a student of theology and history, and as a pastor and a participant in the international ecumenical movement for nearly fifty years, of which almost forty years have been spent in Europe, I have been exposed to the theological currents of this eventful period.

Let me first situate myself. I come from the Caribbean, which was the first area of the world, outside of the Mediterranean and the Near East, which was brutally occupied by Europe just over 500 years ago. We Caribbean folk are the most racially and culturally mixed people of the world – with the aborigines originating from Mongolia, with slaves brought over from many tribes in West and Central Africa, with Europeans of all sorts and with Jews coming from Europe to a more congenial environment, and later with Indians, Indonesians and Chinese being brought in as indentured labourers, and yet later with quite a few Syrians and Lebanese coming as peddlers and then as prosperous merchants. The Christian church in its various forms

Philip Potter

has been among us for nearly 500 years. The fundamental question posed by this encounter of so many different peoples in such different circumstances has been and remains how we regard and live with »the other«, made in the image of God.

When I became a theological student in 1944, I had the good fortune of being trained with others belonging to several churches of the Reformation. So it was an exercise in ecumenical learning. Immediately on my arrival in Jamaica, I joined the Student Christian Movement, and was made its study secretary. The most important thing I learned from the SCM was expressed in the famous slogan: »We must have the Bible in one hand and the newspaper in the other hand.« It was explained that the newspaper, which dealt with the realities of our world, did not make sense without the message of the Bible as an historical book. And the Bible without the newspaper did not convey much relevance for today. This was tested by the fact that I was soon appointed as a secretary of the Jamaica Youth Movement, which was chiefly concerned about the struggle for political independence. Actually, this was not new to me because I was confirmed as a member of the Church in January 1932, and in October 1932, at the first conference of political leaders calling for independence from colonial rule, I carried, as an eleven year old lad, in the main procession, a banner with the slogan: »No taxation without representation.« I have, therefore, been guided by the fact that the text of the biblical record must be wrestled with in the context of the history of the people of Israel and of the early church, of the history of the church through the centuries, and of the history and actualities of our world. This has been my critical hermeneutical standpoint, having lived for 75 years in what an historian has recently called »the century of extremes«.

Except for four valuable years of pastorate in Haiti (1950-1954), my ministry until my retirement has been in the ecumenical movement, especially the World Student Christian Federation and the World Council of Churches. In the 1940s to 1960s there were many giants writing biblical and systematic theologies, like Eichrodt and von Rad, Bultmann, Jeremias and Käsemann, Barth, Brunner, Tillich and the Niebuhr brothers. Several of us younger persons decided that doing theology would mean for us enabling some things to be done for the renewal, mission and unity of the church, for human dignity and solidarity, and for justice, peace and a sustainable environment. That has in fact been my preoccupation for over forty years.

I want to raise some questions about the four major areas in which I have been engaged over the years: youth and student work; mission and evangelism; my period as general secretary of the World Council of Churches; and my life-long concern for socio-economic justice.

Youth and Students: I was associated with youth and student work in various capacities from 1948 to 1968 through the World Student Christian Federation and the World Council of Churches. At the inaugural Assembly of the WCC at Amsterdam in 1948, there were 100 of us as youth delegates, mostly students. Our first witness was that we were 50 women and 50 men – a pioneering effort which was going to be one of my main theological concerns, and in practice working for a true community of women and men in church and society. At that time, there was a tendency to speak about youth as the church of the future. We insisted that we were the church of today. At the second Assembly of the WCC in 1954, one of the major subjects was the laity – *laos*, the whole people of God. The Assembly was reminded that the laity represented 99% of the membership of the church. As young people we pledged ourselves to be the loyal opposition in the church, promoting the full participation of the whole people of God in all the aspects of the life of the church for the sake of its witness to the world.

Of course, in the 1950s it was not easy for youth and students in the West or East because of the fierceness of the Cold War. Youth were described as the silent, cautious generation, and in Germany they were credited as saying, »ohne mich«. Youth and student work was just being developed in other continents under difficult circumstances. We talked then of the acceleration of history, but confessed our inability to comprehend it adequately, and speak and act prophetically about it within the church and in the world.

Our activities among youth and students included intensive Bible studies related to the issues of church and society, leadership training and ecumenical work camps in post war torn Europe and Asia. In the 1960s there was a radical change in the attitudes and activities of youth and students. It was the period of decolonisation in Africa and the Caribbean and the Pacific. In Latin America and in Asia Christian youth and students were in the vanguard of resistance against undemocratic régimes. In the USA they were involved in the civil rights movement, and later were protesting against the Vietnam war. Everywhere students were raising questions about the undemocratic structures of the university, and the lack of a community of professors and students – *universitas magistrorum et scholarium* and *civitas academica* as it was expressed in the Middle Ages. They were calling for radical university reform, as well as for a more just and peaceful society. In May 1968, students in Paris rallied together under the slogan: »Be realist, attempt the impossible.« This led to the further radicalisation of youth and students, which had consequences for church youth and student work and for the Student Christian Movements. The sad story from the 1970s is that youth and students have been largely on the edges of the life of the churches and of the universities. The small efforts at university reform have been definitely reduced. Students are hardly active in the life of the university or of the SCM. Does this fact deeply concern the churches and the university professors? Are we satisfied especially with the quality of life and relationships in the universities today? This is a matter hardly discussed by groups like ourselves gathered in this Symposium as a theological issue. Why is this so and what is to be done about it, especially by professors, not least in the theological faculties?

Mission and Evangelism: I was secretary for mission, international affairs, foreign students and world student relief in the British SCM in 1948 to 1950. In 1961 to 1966 I was secretary for West Africa and West Indies for the Methodist Missionary Society in Britain. Then followed six years as director of the Commission on World Mission and Evangelism of the WCC.

In the 1960s there was a vigorous study on »The Missionary Structure of the Congregation« in Europe and North America, and also a series of in-depth surveys on Churches in Mission on Six Continents. One result was a study report entitled, in the words of Dietrich Bonhoeffer, »The Church for Others«. There was hope that these studies and surveys would stimulate, for example, the Volkskirche in Germany to undertake a radical enquiry on and overhaul of the established structures of the church, with its Constantinian heritage, in order to undertake more effectively the task of mission in Germany and in the rest of the world. All that basically happened was adding more instruments for attempting to meet the needs of various forms of mission and service, but not in the spirit of the Uppsala Assembly statement in 1968 on »Renewal in Mission« which envisaged mutual thought and action both in North and South. Recent events, like the hasty merger of the church in the former DDR with the EKD, and the hesitant attitudes of the church hierarchies and bureaucracies to any consideration of reform for the sake of a relevant witness to an increasingly indifferent population, point to the fact that we have an urgent question before us of the future of the Church in Germany. This can also be said about churches in many countries, with their own peculiar structural and cultural heritages. Jürgen Moltmann has given considerable attention to these concerns in his major writings. I hope that he will continue to wrestle with the necessary form and structure of the church as a whole as he so helpfully does about the congregations.

In the 1960s we developed a special unit within the WCC on Dialogue with People of Living Faiths and Ideologies. In the period after Vatican II, there was active cooperation with the Vatican bodies and the religious orders on this vital issue and on other matters related to Common Witness. This led to great debates within the fellowship of the WCC, and especially at the Fifth Assembly at Nairobi in 1975, following the conference of the Commission on World Mission and Evangelism in Bangkok in 1973. At the Assembly at Vancouver in 1983 it was possible to say:

Dialogue may be described as that encounter where people holding different claims about ultimate reality can meet and explore these claims in a context of mutual respect. From dialogue we expect to discern more about how God is active in our world, and to appreciate for their own sake the insights and experiences people of other faiths have of ultimate reality.

Since then these dialogues have continued. Christians and persons of other faiths have cooperated in working for human rights and dignity, and for justice and peace. But in recent years, there has been growing fanaticism in various faiths, including among Christians. The question is how the dialogue so effectively undertaken over the years can become a means of exercising a ministry of reconciliation in different parts of the world. Given the present tendency to extremes and to destabilising peoples and nations, this is a priority concern for all of us, and not least university theological professors. Professor Hans Küng is making an important contribution to this ongoing dialogue.

World Council of Churches: My direct responsibility for the affairs of the whole WCC was from 1972 to 1984. These years were very controversial, especially in relation to the East-West and North-South conflicts, which were reflected in the relations between the churches and with the WCC. Some of the authorised programmes of the Council, like the Programme to Combat Racism, posed very direct questions to the attitudes and actions of the churches.

At the Nairobi Assembly in 1975 I said that the Assembly would »have failed in its purpose if we did not advance to a new covenant relationship between churches at all levels of their life and the world at all levels of its activities«. At the Vancouver Assembly in 1983 I had to ask: »Can the churches go on behaving as though the Council belongs to their external rather than their internal relations? ... Can the churches conduct themselves as though they exist in isolation from each other and from their fellowship in the World Council, carrying on their programmes and activities with little relation with other churches around the world?« These questions and appeal were related to an earlier discussion in 1950 concerning »the ecclesiological significance of the World Council of Churches«. So far as I can observe, there is little difference since 1983 in the relations between the member churches, including the EKD, and the World Council. As we are coming to the fiftieth anniversary of the Council in 1998, these issues will have to be faced. In essence the whole matter is a theological one and concerns the future not only of the World Council, but of the member churches. What contribution are theologians prepared to bring to this crucial ecclesiological debate?

In the 1970s the WCC was challenged to promote the community of women and men in church and society. In 1974 there was a very lively and productive conference in Berlin on the theme, »Sexism in the 1970s«. At the Nairobi Assembly in 1975 it was agreed to carry out a programme of study and action. By 1981 there was a world conference at Sheffield, England, when Elisabeth Moltmann-Wendel and Jürgen Moltmann conducted an excitingly effective dialogue on »Becoming Human in New Community«. The WCC had to look at its own structures of representation on committees and staff. Of particular importance was to secure that at least 30% of the delegates at the Vancouver Assembly in 1983 would be women. This percentage has since gone up. Several churches have been guided to ordain women into the minisry and to elect women to the highest offices in their structures. In 1988 an International Decade of Churches in Solidarity with Women was launched.

Reference must also be made to the work which the Council, even before it was officially founded in 1948, had done in contributing to the drafting of the Universal Declaration of Human Rights which was adopted by the United Nations in December 1948. The Commission of the Churches on International Affairs also contributed to the work on the Covenants on Individual and Political Rights and on Social and Economic Rights. At a consultation in 1974 an important statement on »Human Rights and Christian Responsibility« was produced. This was a contribution to the 1975 Helsinki Conference on Security and Cooperation in Europe. We all greatly profited from the splendid work and writings which Jürgen Moltmann has been doing on Human Rights which has had a wide influence on the churches´ theological thinking and witness. Related to this has been the work of the Council through the CCIA on disarmament and peace. However, considerable impetus was given to this concern by the massive march during the 1981 Kirchentag in Hamburg, and in succeeding years by committed groups of Christians in Germany. The WCC Public Hearing on Nuclear Weapons and Disarmament in Amsterdam in November 1981 had a formidable array of nuclear scientists and military strategists, not least from the USSR and the USA, as well as theologians and disarmament activists and politicians. This meeting and its follow up posed questions to the churches, including the following: »Can the churches agree on the theological and ethical basis for their stand on nuclear weapons and nuclear war? ... Can the churches agree on effective political action to stop the production, reduce and eventually abolish nuclear weapons? ... How are the churches to relate to the new peace movements which are campaigning against nuclear arms?« The report of that public hearing carried the ominous title: »Before it is too late«.

Globalisation of Capitalist Economics and Finance: The concern for economic and social justice has been on the ecumenical agenda since the Stockholm Conference on Life and Work in 1925. Already in 1937 the Oxford Conference on Church, Community and State drew attention to the fact that »centres of economic power have been formed which are not responsible to any organ of the community and which in practice constitute something in the nature of a tyranny over the lives of the masses of people«. At the first Assembly of the World Council of Churches in 1948, this devastating insight was softened by the statement: »A responsible society is one where freedom is the freedom of persons who acknowledge responsibility to justice and public order, and where those who hold political authority or economic power are responsible for its exercise to God and the people whose welfare is affected by it.«

After the Second World War there was certainly an effort on the part of Western powers to find ways to control economic power so that wealth may be more fairly distributed. This was in response in part to the challenge of the Soviet Union where the economy and finance were completely under state control, but where people were denied political freedom. In the next twenty years the Western states went through a process of decolonisation and of offering development aid. But this was on the terms laid down by these powerful nations, in connivance with corrupt and authoritarian rulers in the Thirld World. Moreover, a new phenomenon of uncontrolled centres of power came into being – the Transnational Corporations (TNCs).

However, the WCC World Conference on Church and Society in 1966 saw hope in the new science based technologies contributing to the development of the two-thirds poor world through international agencies, and so did the 1968 Uppsala Assembly. One of these agencies was the UN Commission on Trade and Development (UNCTAD) whose task was to negotiate a just price for eighteen key primary products of Third World countries. The WCC supported these moves and by 1970 set up its own commission on the Churches´ Participation in Development. By 1974 a special session of the UN General Assembly produced a statement on »Towards a New World Economic Order«. What seemed to encourage this ideal was the oil money being lavishly loaned by banks and governments to poorer countries. But UNCTAD was not able to persuade the rich countries to pay a just price for Third World products. Nevertheless, the WCC continued to call on the affluent states to make available a modest percentage of their assets to the Third World. In 1975, the WCC agreed to have as a guideline the promotion of »a just participatory and sustainable society«, and in 1983 the Vancouver Assembly took up the challenge »to engage the member churches in a conciliar process of mutual commitment (covenant) to justice, peace and the integrity of creation«.

It was only after the Assembly that some of us became suddenly aware of the fact that we had failed to raise the alarm after what had happened to Mexico in October 1982 when it defaulted in paying the massive interest on foreign loans. It was then that the two watch-dogs of the powerful Western nations, set up in 1944 as the International Monetary Fund and the World Bank, came into the picture and imposed structural adjustments, which have since been ruthlessly applied to the Third World debtor countries. These adjustments demanded substantial cuts in government spending on health, education and other social services, privatisation of public utilities, and concentration in certain export crops or products. This has been disastrous, as I myself witnessed at close quarters in Jamaica during my stay there in 1985-1990. Another fact which became operative was that the more or less fixed rate of interest on the loans became higher and higher, after the US dollar was withdrawn from the gold standard in 1971. One clear example of the effect of floating of the dollar, generally upwards, is that the countries of Africa have for the last few years been subsidising the creditor nations by over US$ 2 billion annually, in spite of the fact that the increased interest paid has already covered the original loans.

Perhaps the most decisive event was the break up of the Soviet empire, and the consequent global supremacy of Western capitalism, armed with the panoply of vastly sophisticated science based technology, government deregulation of the economy and finance, and privatisation of various public services. During the past few years, these realities in the industrialised world have accelerated competivity of a kind which forces mergers of various enterprises or »slimming« in order to consolidate resources and be much less labour intensive. Governments are also cutting on health, education and social services. All this has brought about sharp unemployment or underemployment in industrialised countries and much unrest among the people.

A more staggering fact is that, with the rapid development of computers and of the means of communication, the movement of capital and what is called »casino finance« has become even more dominant than ever. It is reckoned that in every twenty-four hours more than US$ 1,500 billion are circulating freely around the globe. Moreover, there are finance havens in different parts of the world which »launder« money and provide the possibilities for huge fortunes to escape taxation by their countries of origin.

Furthermore, the globalised, competitive economic system is now monitored by a special institute in Lausanne, Switzerland. The institute also organises every year a meeting in Davos, where what are called »global leaders« gather together in large numbers. At the conference in February this year some astonishing pronouncements were made. For example, the head of the great Swiss transnational corporation, Nestlé, said: »Whether one is an individual, a major industry or a country, what is important for survival in this world is to be more competitive than the other.« Then Hans Tietmeyer, president of the Deutsche Bundesbank, also said that if the political authorities did not support this competitive line, »the markets would sanction the government immediately, because the politicians are from now on under the control of the financial markets«. This last statement was clearly indicating that in this globalised economic and financial system governments have little real power as the elected representatives of even a wealthy nation like Germany. They are in danger of being perceived to be the servants of the financiers and not of the people. This trend is worldwide and will become more obviously so before the end of this century. But I wonder whether we are not heading for a major crisis, more devastating than that of 1929.

In this new situation, the question must be posed as to whether we can do theology without taking seriously into account this frighteningly all-embracing competitive economic and financial system. This applies in particular to those few theologians, like Jürgen Moltmann, Johann Baptist Metz and Dorothee Sölle, who have so helpfully been articulating a political theology. Certainly we shall all have to embark on an urgent interdisciplinary study and research with colleagues in the universities, institutes, and with concerned and informed Christian groups who are seeking to grapple with the complex issues of the economy and finance.

In the earlier years of the World Council of Churches many people found it difficult to pronounce the word »ecumenical« (concerning the whole inhabited earth). They would often say, »economical«! Nowadays, the pundits of the prevailing global finance and economic system freely use the word »ecumenical« to give a certain religious solemnity to their almost god-like power. This is, of course, in direct contradiction to the biblical use of the word *oikoumene*. For instance, the Psalmist sings: »The earth is the Lord´s and the fullness of it, the world (*oikoumene*) and those who dwell in it« (24:1). And in the book of Isaiah, there is a song in which the prophet addresses God: »When your judgments are in the earth, the inhabitants of the world (*oikoumene*) learn righteousness« (26:9). And righteousness, justice, in Hebrew, *sedeq*, means right relations with God, with one´s self and with others, and also with creation.

The present global, free economic and financial market operates in ways which benefit only a minority of the world´s population. In many parts of the globe whole peoples are excluded from the system and from any viable existence. And yet, as the Epistle to the Ephesians reminds us, God´s plan, economy (*oikonomia*) declares the promise of inclusion when it indicates that it is »for the fullness of time, to unite all things in Christ, things in heaven and things on earth« (1:9-10). Furthermore, in his letter to the dispersed churches in Asia Minor, the apostle Peter exhorts Christians: »As each has received a gift, employ it for one another, as good stewards (*oikonomoi*, economists) of the varied grace of God« (1 Peter 4:10). Indeed, in God´s purpose the economy is for the well-being of all and the inclusion of all in God´s grace, God´s self-giving love. It is in this spirit that we must challenge and expose the present idolatrous global economic and financial system.

Hans Küng

Meine lieben Kolleginnen und Kollegen,
meine Damen und Herren,

was bleibt da noch zu sagen? Alles behandelt, alles, in etwa, beantwortet. Der letzte hat´s hier nicht ganz leicht nach dieser gloriosen Reihe, wie mir scheint, faszinierender Statements. Wenn man selber gleichzeitig gelebt hat all die langen Jahre: auf alles hätte man ja auch immer gleich etwas sagen können. Aber ich habe geschwiegen und jetzt noch einmal meine Gedanken geordnet nach dem Mittagessen, wie immer nach einer römischen Siesta. So versuche ich denn nun ebenfalls in zwanzig Minuten, nicht vorformuliert, sondern frisch von der Leber weg zu sagen, was mir wichtig zu sein scheint.

»Er hat sich eigentlich nicht geändert!« Das habe ich immer als ein großes Kompliment angesehen, wenn ich da in mein kleines Luzerner Landstädtchen Sursee zurückkam und meine Klassenkameradinnen und -kameraden sagten: »Er hat sich eigentlich nicht geändert.«

Also »semper idem«: »Immer derselbe«? Das ist eigentlich nicht mein Wahlspruch, vielmehr der meines ersten großen Kontrahenten, einer der drei Großinquisitoren, mit denen ich in meinem Leben in sehr persönlicher und sehr bedrohlicher Weise konfrontiert war. »Semper idem«: Das war der Spruch, den Kardinal Alfredo Ottaviani in seinem Wappen trug. Ein sehr imponierender Typ, schon halb blind, als ich ihn kennenlernte. Wie immer man zu ihm stand, das eine hat man sicher nicht bestritten, daß er immer derselbe geblieben war. Aber Unveränderlichkeit, dieser Abglanz der »immutabilitas Dei«, dieser »Unveränderlichkeit Gottes«, die Jürgen Moltmann und ich beinahe gleichzeitig im Zusammenhang mit der Beschäftigung von Hegel und Christologie kritisch hinterfragt haben, war natürlich nicht mein Ideal.

Aber, und das habe ich auch aus dem Votum von Jörg Zink herausgehört, *Identität* ist Voraussetzung. Und wenn ich heute nicht mehr identisch mit mir wäre, dann könnte ich auch nicht mehr zu dem Leben stehen, wie ich es gelebt habe. Also, Identität, aber *nicht Konformität*, das ist zunächst meine Antwort auf die gestellte Frage. Ich habe nie in der Theologie immer wieder die letzte Welle geritten und habe es auch nicht sehr geschätzt, wenn es andere taten.

Aber man war natürlich in ganz bestimmte *Konstellationen* hineingeworfen. Ich habe mich immer wieder gefragt: Was unterscheidet mich denn, da wir doch allesamt katholisch sind, von einem Mann wie Kardinal Ottaviani oder dann nachher von Kardinal Seper oder schließlich von Kardinal Ratzinger, die ja schließlich doch in derselben Kirche sind, an denselben Gott glauben, denselben Jesus Christus, denselben Geist – und die doch ganz anders sind und anders glauben. Vielleicht verstehen Sie von daher auch, daß für mich der Begriff des *Paradigmas*, der anderen Gesamtkonstellation, es mir später ermöglicht hat, diese Grunddifferenz in aller Identität zu rationalisieren: Diese meine Glaubensbrüder lebten geistig in einer anderen Welt, Zeit, Welt-Zeit, in einer anderen Konstellation, in einem anderen Paradigma.

Nun war deren Konstellation freilich – und ich laß jetzt alles Persönliche ebenso weg wie alles Kirchenhistorische – dieselbe, in der auch ich aufgewachsen war. Ja, ich bin ein Insider reinsten Wassers in bezug auf das, was ich heute das *römisch-katholische Paradigma* nenne: das Paradigma des Mittelalters, bewundernswert; ich kenne meinen Denzinger, ich kenne meinen Thomas von Aquin. Mir kommt keiner mit irgendeiner Auslegung irgendeines Dogmas, die ich nicht von den Quellen her sozusagen aus dem Handgelenk überprüfen kann. Das haben wir ja nun sieben Jahre lang gelernt, auf Latein. In offizieller Lehre sind wir firm. Wir haben auch klar denken gelernt; wir konnten nicht solche Wischiwaschi-Diskussionen führen,

Hans Küng

die man manchmal auf Deutsch führen kann, sicher nicht in Examina, wo nur klare lateinische Begriffe, Definitionen und Argumentationen gefordert waren.

Und so bin ich denn bis heute dankbar für alles, was ich in Rom mitbekommen habe. Nein, ich hatte nie einen »antirömischen Affekt«, wie ihn mir Hans Urs von Balthasar gerne in die Schuhe geschoben hat; darüber könnte ich viel sagen, aber das ist ja jetzt nicht das Thema. Aber: Ich habe natürlich schon früh gemerkt, daß es so nicht geht, nein, nicht ganz so früh, erst ungefähr nach fünf Jahren, aber ich will das jetzt nicht schildern. Ich muß einfach sagen: Ich kam schließlich nicht darum herum, das römische System gerade in der Theologie in Frage zu stellen, in monatelangen heftigen Auseinandersetzungen im Collegium Germanicum, die an meine Gesundheit gingen. Da hat es sich mir gezeigt, daß sich dieses neuscholastische System so nicht halten ließ. Die Unfehlbarkeitsfrage war damals noch nicht die zentrale Frage, obwohl man sich natürlich damals schon fragte, was denn an dem, was ein Papst wie Pius XII. beinahe täglich verlauten ließ, unfehlbar sei oder nicht: ob also, wie der Papst damals etwa äußerte, eine Mutter das Leben hingeben muß, wenn das Leben des Kindes gerettet werden kann, und so weiter. Was damals der Papst sagte, galt weithin als faktisch unfehlbar, jedenfalls durfte man dem nicht öffentlich widersprechen. Tat man das, wurde es gefährlich. Und insofern hat sich für mich diese Frage nach der letzten Autorität schon sehr früh zugespitzt.

Wie immer: Ich kenne die Unfehlbarkeitslehre so sehr von Grund auf, daß mir da niemand etwas vormachen kann. Und nie hat jemand in Rom behauptet, ich hätte in Sachen Unfehlbarkeit übertrieben. Das hat man nur in Deutschland behauptet, von seiten all jener katholischen Theologen, die dieser Frage, weil sie zu gefährlich war, ausweichen wollten. Die haben gesagt, ich würde übertreiben, aber nichts war übertrieben, wie es sich immer wieder zeigt. Denn was jetzt neuerdings die Glaubenskongregation im Namen des Papstes verlauten ließ über die Unmöglichkeit der Frauenordination, die eine unfehlbare Lehre sei, ist eine ganz klare Konsequenz aus der These, die ich an der Gregoriana gelernt habe und die sich jetzt leider im Art. 25 der Kirchenkonstitution des Vatikanum II über das Magisterium Ordinarium findet: jenes ganz alltägliche Lehramt des Papstes und der Bischöfe, das eben genauso unfehlbar sei wie das Magisterium Extraordinarium eines päpstlichen Ex-Cathedra-Spruches oder einer Konzilsdefinition. Das wurde mir schon in den 60er Jahren deutlich: So geht's nicht.

Karl Rahner – und das ist nun ein weiterer Schritt – und mit ihm auch die Franzosen, vor allem Henri de Lubac und Yves Congar, den ich schon sehr früh persönlich kennenlernte (aber lassen wir das Biographische), war für mich ein ganz großer Anstoß. Rahner hat alle Türen im großen Gebäude der Neuscholastik aufgerissen. Er stürmte in jedes Zimmer hinein, hat alles umgestellt und umorganisiert, ging dann allerdings sofort wieder in ein anderes Zimmer, hat auch dort wieder alles umgeräumt und war der Meinung, er hätte nun die Probleme geregelt. Mit der Zeit aber durchschaute ich das Rahnersche Denken als eine Verbaldialektik, die es ihm praktisch ermöglichte, beides zu sagen: Außerhalb der Kirche kein Heil! Aber – wenn man alle diese Begriffe »außerhalb«, »kein«, »Kirche«, »Heil« dialektisch durcheinanderschüttelt – kann man schließlich auch das Gegenteil sagen: Auch außerhalb der Kirche Heil, ja, außerhalb der Kirche sogar viel Heil. Sind dies doch alles »anonyme Christen«. Daß dies alles sogar »anonyme Katholiken« sein sollen, hat er allerdings nicht gewagt zu sagen. Kurz und gut: So à la Rahner ging es auch nicht.

Aber ich habe es dann in der Folge doch als eine geradezu tragische Entwicklung für die katholische Theologie empfunden, daß Rahner und ich in der Unfehlbarkeitsfrage anläßlich der Veröffentlichung meines Buches 1970 auseinandergerieten. Aber das Buch mußte geschrieben werden, und wenn ich ein Buch noch einmal schreiben würde, dann wäre es bestimmt »Unfehlbar? Eine Anfrage«. Es mußte geschrieben werden, und seine Anfrage ist noch immer nicht beantwortet. Und selbst in Tübingen wagt man auf diese Frage keine klare Antwort zu geben, weil jeder weiß, was dann von seiten der kirchlichen Obrigkeit passiert, nämlich dasselbe, was mir passierte. Dies also kurz und knapp zum ersten Paradigma, dem römisch-katholischen, das uns vom Mittelalter her zukam, durch die Gegenreformation verstärkt und durch die Neoscholastik antimodernistisch zugespitzt wurde. Eine Konstellation, die ich aufgeben mußte, sie war unserer Zeit so wenig angemessen wie dem Evangelium.

Ich habe es als einen ganz großen Gewinn angesehen, daß ich schon in Rom mit der Theologie des evangelischen Theologen *Karl Barth* in Verbindung kam, ja, nicht nur in Verbindung kam, sondern seine Theologie – für mein theologisches Lizentiat an der Gregoriana in Rom und mein Doktorat in Paris – so gründlich studierte, daß ich mich seither in der Barthschen Theologie genauso auskenne wie in der Neuscholastik. Mir ist auf diese Weise ermöglicht worden, auch die evangelische Theologie zu verstehen – gerade in ihren letzten Intentionen. Man darf ja doch bei Barth nicht nur die große Architektonik seiner Dogmatik sehen, die auch ich bewundere, wie ich die von Schleiermacher bewundere. Aber daß auch in unserem Jahrhundert ein Theologe kam, der sagte, worauf es ankommt, was die christliche Sache ist, und daß wir nicht Gottes Wort und Offenbarung in Psychologie und Religionsgeschichte auflösen können: das hat mir gewaltig Boden unter die Füße gegeben – bis heute.

In einer Phase, wo ich selber ganz allein schauen mußte, wie ich durch diese kritische Phase kam, war es für mich eine tolle Sache, daß ich solche große Theologie in Rom, in der Schweiz und in Paris studieren konnte. Und daß ich Karl Barth auch sehr gut persönlich kennenlernen konnte (aber das sind nun wieder persönliche Dinge, die nicht hierher gehören), hat mein ganzes Leben geprägt. Ich muß auch sagen, daß die *Rechtfertigung des Sünders* in der Barthschen und katholischen Theologie, die das Thema meiner Dissertation war, für mich bis heute theologisch und spirituell zentral geblieben ist: Rechtfertigung des Sünders – das ist meine Existenz: daß man nicht gerechtfertigt wird durch Werke, auch nicht durch seine theologischen Werke, sondern durch den Glauben, durch das unerschütterliche Vertrauen auf Gott selbst. Das ist die Basis des Christenmenschen, und daran habe ich stets festgehalten, gerade wenn es schwierig wurde. Sola fide – gut katholisch verstanden, das habe ich alles aufgezeigt in meinem Buch von 1957. Und ich kann nur lachen über all diese katholischen und protestantischen Theologen, die noch immer Kommissionen bilden und endlos diskutieren über Rechtfertigung, Rechtfertigung, Rechtfertigung. Ja, das ist doch nicht mehr das Problem; selbst Ratzinger ist da mit mir eins. Aber die Frage natürlich, was die Konsequenzen der Rechtfertigungsbotschaft sind, etwa für die Frage der Kirchenverfassung, für das Amt, für das Papsttum, aber, anders gesehen, auch für den Sinn des Lebens, das ist eine andere Frage. Kurz, die Reformation, eben das *reformatorische Paradigma*, habe ich auf diese Weise nicht nur früh kennengelernt, sondern auch in meine Theologie integrieren können. So habe ich denn keine Schwierigkeiten mehr, wenn ich auf die Kontroversen des 16. Jahrhunderts zurückblicke. Evangelische Konzentration in katholischer Weite, das ist seither unverändert meine Devise.

Ja, wir sind ja nicht mehr im 16. Jahrhundert. Und da muß ich nun doch sagen – und das unterscheidet mich von einigen meiner Tübinger Kollegen evangelischer Konfession: Ich habe gefunden, spätestens als ich nach Tübingen kam, daß ich die *historisch-kritische Exegese* – ein Ergebnis des *Paradigmas der Moderne* – nicht weniger ernstnehmen müsse als die Barthsche Theologie. Es hat mich in diesem Colloqium ein wenig erschüttert, daß niemand von der historisch-kritischen Exegese sprach. Nicht einmal das Wort ist meiner Erinnerung nach in all diesen Statements gefallen.

Da möchte ich fragen: Geht es denn ohne sie? Ja, ich weiß jetzt natürlich schon, was meine lieben Freunde hier alles sagen werden: daß sie alles schon theologisch hinter sich haben, daß sie von Bultmann herkommen usw. Ja, man kann von Bultmann herkommen und zum Beispiel seine ganze Entmythologisierung weglassen und nur existentiale Interpretation betreiben. Aber wenn man immer wieder diese seit der Aufklärung umstrittenen Punkte ausklammert, muß man sich nicht wundern, wenn gar nicht so neue Schmöker wie die von Lüdemann in der evangelischen Theologie so gewaltige Aufregung hervorrufen. Ja warum denn? Weil diese Fragen weder in den Vorlesungen noch in den Büchern klar und eindeutig behandelt werden. Sobald man nämlich genauer zupackt und fragt, ja was haltet denn Ihr von Tod und Teufel, Hölle und Erbsünde, und wie steht´s eigentlich mit der exegetischen Basis Eurer Christologie, und glaubt Ihr denn, daß Ihr Eure Trinitätslehre historisch-kritisch verantworten könnt? (Zwischenruf Jüngel: Ja! Gelächter) Dann, ja dann bekommt man solche apodiktische Antworten (Gelächter), die aber nirgendwo begründet werden (Gelächter). Statt pro ratione voluntas! (noch mehr Gelächter). Ja, sie merken jetzt, jetzt wird's lebendig.

Also kurz und gut: Ich bin ewig dankbar, daß ein Tübinger, der nicht hier ist, von dem wir aber alle gelernt haben, daß *Ernst Käsemann* Bultmann, seinen Lehrer, aufgearbeitet, ihn verstanden und zugleich in ganz entscheidenden Punkten kritisiert und korrigiert hat: also nicht nur Geschichtlichkeit, sondern reale Geschichte; nicht nur Zukünftigkeit, sondern die wirkliche Zukunft; nicht nur Weltlichkeit, In-der-Welt sein, sondern die reale Welt und Gesellschaft, wie sie heute existiert; nicht nur der Christus des Kerygmas, sondern der Jesus der Geschichte. Dieser Jesus der Geschichte, der Gekreuzigte und Auferweckte, ist für mich zentral geworden. Ohne Käsemann hätte ich vermutlich nicht den Mut gehabt, das Buch »Christ sein« vom Jesus der Geschichte her, »von unten« her, zu verfassen. Dieser Jesus der Geschichte, der vom Christus der Verkündigung nicht zu trennen ist, bleibt für mich das konkrete Zentrum der Theologie. Hier gründet, theologisch gesehen, meine Identität. Aber dieses Zentrum kann ich nach der Aufklärung nur von der historisch-kritischen Exegese her verstehen. Und meine Diagnose in diesem Punkt ist dies, daß das *Elend heutiger Theologie*, der evangelischen wie der katholischen, gerade an diesem Punkt gründet: im Hiatus, in der ungeheuren *Kluft zwischen* den Ergebnissen *der historisch-kritischen Exegese und der gelehrten Dogmatik*. Ich weiß, da gibt es Dogmatiker heute, die meinen, sie hätten diesen Hiatus überwunden, aber mir hat es nicht eingeleuchtet. Und ich erinnere mich an ein Gespräch mit Eberhard Jüngel, in dem er selber die Frage stellte: Haben wir das eigentlich geschafft? Ich meinte für mich im Stillen, es für mich geschafft zu haben.

Kurz und gut, das ist für mich geblieben: Das *Zentrum* meiner Theologie blieb konstant, aber der *Horizont* änderte sich ständig. Und ich stimme Philip Potter voll zu: The Bible and the newspaper. The Bible, das Evangelium, ja, für mich selber ist das Zentrum auch nicht einfach »das Evangelium«, sondern dieser Jesus Christus selbst, als Person, mit allem, was er zu sagen, was er erkämpft und erlitten hat. Er, der gekreuzigte und auferweckte Herr, er ist und bleibt das Zentrum. Aber gleichzeitig als ständig sich ändernder Horizont: die Zeitung. Alles das, was einem von der Zeit zugetragen, was einen bewegt, getrieben hat.

Nachdem mir einmal klar war, wo ich stehe, was Zentrum ist und was Horizont, versuche ich konsequent weiterzugehen. Ich habe auch auf meinem theologischen Weg kein großes Zickzack gemacht, darunter unterscheide ich mich vielleicht von meinem Kollegen und Freund Jürgen Moltmann. Er ging von der Theologie der Auferstehung zur Theologie des Kreuzes und dann wieder von der Theologie der Revolution zur Theologie des Spieles ... Da bin ich etwas langweiliger, etwas weniger antithetisch, oder wenn Sie wollen, einfach »katholisch« – im besten Sinn. Sie lachen mit Recht: Der katholische Weg besteht weniger in Abgrenzungen als in umfassender – für mich allerdings stets kritischer – Integration. Mir ging es in meiner ganzen Theologie trotz meines kämpferischen Image immer mehr um Integration als um Abgrenzung, und gerade so um ein ständig neues Lernen, neues Verarbeiten, das Aufbrechen zu neuen Ufern.

Ja, nachdem der Stein, der Entschluß zur wissenschaftlichen Theologie (statt zur praktischen Seelsorge) einmal ins Wasser geworfen war, läßt sich mein Denkweg vergleichen mit immer weiter ausgreifenden konzentrischen Kreisen, wiewohl das in keiner Weise geplant, sondern eben durch die Herausforderungen der Zeit provoziert war. Konzentrische Kreise: In den 50er Jahren also mit Rechtfertigung das Bemühen um die theologische Begründung der christlichen Existenz. In den 60er Jahren eine Konzentration auf die Fragen von Konzil, Kirche und Wiedervereinigung, kulminierend nach den Büchern über die Kirche in der Frage der Unfehlbarkeit. In den 70er Jahren die theologische und christologische Grundlagenforschung, eingeleitet vom Buch über Hegels Christologie, dann »Christ sein«, »Existiert Gott?«, »Ewiges Leben«. In den 80er Jahren – nach dem großen Konflikt mit Rom im Dezember 1979 – die jetzt intensive Beschäftigung mit den Weltreligionen, aber auch mit den Fragen der Hermeneutik, des Paradigmenwechsels, der ökumenischen Theologie ad extra. Schließlich in den 90er Jahren die religiöse Situation der Menschheit überhaupt: neben den Arbeiten über Weltliteratur, Musik und Psychotherapie vor allem das Projekt Weltethos mit den historisch-systematischen Analysen von Judentum, Christentum und – hoffentlich auch noch zu schaffen – des Islam, was schließlich alles durch die Stiftung Weltethos Kontinuität erhalten hat. Ja, das war alles ein langsames Arbeiten, aber ein Arbeiten mit großer Intensität, und man könnte natürlich unendlich viel darüber erzählen »How my mind was changed«.

Das Wort Weltethos bringt schließlich alles das zum Ausdruck, was heute im *nach-modernen Paradigma* als unbedingt notwendiger Grundkonsens an verbindenden Werten, unverrückbaren Normen und dringend notwendigen Haltungen zum Überleben der Menschheit notwendig ist. Dies herauszuarbeiten und durchzusetzen ist eine Riesenaufgabe, und da freue ich mich darüber, daß nun auch immer mehr junge Theologen, katholische und evangelische, bei diesem großen Projekt mitmachen. Aber – meine Zeit ist um, pro hic et nunc. Jedenfalls: Mir macht das Leben und das Theologisieren nach wie vor Spaß, und ich hoffe, es geht noch lange so weiter.

Diskussion im ZDF am 8. Juni 1996, 17.00-18.00 Uhr

Moderation: Hans-Norbert Janowski

Janowski:
Guten Tag! Sie haben Theologiegeschichte gemacht und viele bedeutende Bücher geschrieben. Sie haben in Hörsälen gelehrt, auf Kirchentagen diskutiert und an der ökumenischen Bewegung, an der Ökologie- und Friedensbewegung teilgenommen. Sie haben vor allem Generationen von Theologiestudentinnen und -studenten mit ihrem Denken und ihrem Engagement geprägt. Eine Generation von evangelischen und katholischen Theologinnen und Theologen hat heute einen ganzen Tag lang Bilanz gezogen. Wohin haben die verschiedenen, oft eigenwilligen Wege eigentlich geführt? Fragen sind dabei natürlich offen geblieben, manche Probleme ungelöst, abgesehen von dem, was an neuen Fragen auf die nächste Generation zukommt. Eine zentrale Frage dürfte heißen: Was wird aus der Botschaft und der Gemeinschaft der Christen, wenn sich immer mehr Menschen von den Kirchen abwenden, wenn zugleich aber die Suche nach Lebenssinn stärker wird, wenn Kirchlichkeit schwindet, Religiosität aber zunimmt?

Herzlich willkommen zu dieser Diskussion über die theologischen Aufgaben der Zukunft, hier im Kupferbau der Tübinger Universität. Herzlich grüße ich die Zuschauerinnen und Zuschauer. Wir werden das Gespräch in zwei Runden führen. Runde eins: Was ist zu tun und zu lassen? Braucht der Frieden ein gemeinsames Ethos? Was heißt christliche Nachfolge in einer pluralen Welt von Kulturen, Religionen und Moden? Über die politischen und ethischen Fragen diskutieren

Hans Küng, Dorothee Sölle, Elisabeth Moltmann-Wendel und Jörg Zink.

Um eine Fahndung nach dem Geist und der Gemeinschaft, in denen Christen leben können, wenn sich traditionelle Lebensformen wie die Familie, auch die Gemeinde, auflösen und Solidarität zur Mangelware wird, geht es dann in der zweiten Runde mit Eberhard Jüngel, Johann Baptist Metz, dann Jürgen Moltmann und Philip Potter.

Professor Hans Küng ist bis vor kurzem Direktor des Instituts für Ökumenische Forschung an der Universität Tübingen gewesen. Er ist bekannt nicht nur durch seinen Konflikt mit Rom, sondern mehr noch durch seine großen Bücher, nicht zuletzt durch ein kleines großes Buch »Projekt Welt-Ethos«. Jörg Zink steht ihm in der Zahl seiner Veröffentlichungen kaum nach. Sie bieten vor allem Orientierung in Glaubens-und Lebensfragen. Zink ist eine Orientierungsfigur des Deutschen Evangelischen Kirchentags, und er ist bekannt auch als langjähriger Sprecher des »Worts zum Sonntag«. Professorin Dorothee Sölle hatte mit einem Kapitel »Theologie nach dem Tode Gottes« ihren Weg in die politische Theologie begonnen, sie hat Impulse aus der lateinamerikanischen Theologie der Befreiung aufgenommen und den Weg der feministischen Theologie nachhaltig mitbestimmt. Und Elisabeth Moltmann-Wendel spielt eine prägende Rolle in der feministischen Theologie in unserem Land, ist als Vermittlerin zwischen den Fronten und als Mentorin vieler jüngerer Theologinnen wirksam.

Herr Professor Küng, die Theologie und die Kirche nimmt oft und eigentlich zu fast allem Stellung. Und sie sagt dann meist nichts anderes als andere vernünftige Leute eigentlich auch. Viele hören schon gar nicht mehr hin. Sollten sie sich eigentlich beschränken, und wenn, worauf?

Küng:

Ja, da kommen sie gleich am Anfang mit der schwierigsten Frage. Wir werden zunächst einmal, glaube ich, einfach zur Kenntnis nehmen müssen, daß die Kirchen in einer Strukturkrise stekken. Das ist nicht eine gewöhnliche Krise, sondern wir sind seit

längerer Zeit hinterdreingekommen; wir haben eine ganze Reihe von Entwicklungsdefiziten. Viele dieser Dinge, die wir in den Kirchen selber behandeln, sind gar nicht mehr interessant. Wir haben noch immer eine große Kommission, die über die Fragen des 16. Jahrhunderts arbeitet. Was damals Katholiken und Protestanten getrennt hat, das können vernünftige Theologen heute im Grunde alles beantworten. Wir haben Entwicklungsdefizite in anderer Hinsicht, ich nenne nur, die Frage wird ja sicher kommen, was etwa die Frau angeht. Nun fragt man natürlich, was muß jetzt getan werden? Sie haben völlig recht, wenn Sie sagen, es kann ja nicht darum gehen, daß wir jetzt das einfach auch noch sagen, was alle ohnehin schon sagen. Natürlich müssen wir das überhaupt kennen. Es gibt immer wieder Theologen, glücklicherweise nicht die, die hier auf diesem Podium sind, die dann auch zu Dingen reden, von denen sie wirklich wenig verstehen. Und es gibt auch Kirchenleitungen, bei denen die Menschen heute den Eindruck haben, die sind immer hintendrein. Ich nenne nur gerade das Neueste, wo ich auch betroffen bin, etwa Sterbehilfe. Da wird das alte gesagt, wie wenn das uns nicht alles auch bekannt wäre, daß das nicht so einfach ist. Warum muß jetzt wieder auch die evangelische Kirche der römischen Kirche nachplappern, was alles einfach auf diesem Gebiet immer schon gesagt wurde? Es ist ja auch nicht zu bestreiten, daß es eine sehr ernsthaft Frage ist. Aber da müßten eigentlich die Kirchen in der Vorhut sein, geistig in der Vorhut sein, nicht ständig in der Nachhut. Wobei ich jetzt sage, wenn Sie außerdem fragen, ja gut, was muß dann bleiben? Ja, selbstverständlich müssen wir zentral – ob das jetzt die Frage des Lebens und Sterbens ist, ob das die Frage der Frau ist, ob es die Frage der Kirchenverfassung ist –, müssen wir von unserem Zentrum her reden. Wenn natürlich, was sehr oft auch in kirchlichen Stellungnahmen da ist, das zu wenig deutlich ist, was wir da als Christen zu sagen haben, und zwar in einer aufgeklärten Christenheit zu sagen haben, dann kann das nicht überzeugen. Es muß einerseits dieses Zentrum klar sein, wo wir stehen, das unser Standpunkt ist, um gleichzeitig natürlich eine maximale Offenheit zu haben. Daß das nicht ganz einfach ist, sehen Sie ja schon an der einen Frage, daß man hier vermutlich –

ich weiß nicht mal, hier auf dem Podium, wie das wäre, wenn wir jetzt anfingen zu streiten –, ob also der Glaube an Jesus Christus zuläßt, daß auch andere Menschen gerettet werden. In Tübingen gibt's jedenfalls sicher Theologen, die der Meinung sind, diese können nicht gerettet werden. Nur Christen können gerettet werden. Deshalb: Mission. Ich bin der Meinung, daß Mission möglich ist, doch eher Zeugnis als Mission. Aber da sieht man, das ist ein konkreter Punkt, es muß gleichzeitig bewahrt werden, daß für uns, um es mal deutlich zu sagen, dieser Christus der Weg, die Wahrheit und das Leben bleibt, sonst wüßten wir ja nicht, was eigentlich Christentum noch soll. Aber gleichzeitig kann doch damit verbunden werden, daß wir eine maximale Öffnung haben, die – ich stolz darauf, beim Vatikanum II dabei gewesen zu sein – sogar den Atheisten guten Glaubens, die nach ihrem Gewissen handeln, zusichert, daß sie gerettet werden können. Das ist ein gewaltiger Fortschritt über das hinaus, was man früher sagte: Außerhalb der Kirche kein Heil. Aber das wäre eine Aufgabe, die, glaube ich, die evangelische Theologie noch nicht gelöst hat, der Weltrat der Kirchen noch nicht gelöst hat, also das wäre ein ganz zentraler Punkt.

Janowski:
Im Dialog der Religionen, der ja fällig ist, geht es Gott sei Dank erstmal um weniger, nicht um die Frage, gibt es außerhalb des Christentums ein Heil, sondern um die Frage: Kommen wir eigentlich zu einem gemeinsamen Ethos? Sie haben gesagt, Herr Küng, kein Friede in der Welt ohne Religionsfrieden. Ein Blick auf den Balkan, in den Nahen Osten bestätigt das eigentlich auch. Sie setzen sich deshalb für einen solchen Dialog der Religionen und für ein gemeinsames Weltethos lebhaft ein. Aber ist es nicht schier unmöglich in einer multikulturellen Welt, in der wir ja leben, nun ein Ethos und sei es nur die Anerkennung der Menschenrechte durchzusetzen?

Küng:
Nun, zunächst einmal will ich einen Unterschied machen zwischen Menschenrechten und Ethos. Wir haben seit der Franzö-

sischen Revolution das ungelöste Problem – und das wurde schon 1789 in der Nationalversammlung in Paris mitten in der Revolution gesagt –, wenn wir jetzt nur die Rechte definieren, dann haben nachher alle Rechte, und ja, wie ist es dann mit den Pflichten? Dann gehen alle mit ihren Rechten aufeinander los. Das ist ja das, was wir heute haben: Alle haben Rechte, und die Rechte sind immer gegen andere gerichtet. Das Ethos schließt wesentlich auch Pflichten ein, und da, muß ich nun sagen, ist das Bewußtsein immer größer geworden. Ich könnte jetzt zwei, drei UN-Kommissionen zitieren, gerade aus den letzten zwei, drei Jahren, wo das Weltethos am Anfang steht. Mit einem ganz großen Kapitel. Warum? Weil man unterdessen gesehen hat, daß die Religionen doch nicht nur fanatische Leute umfassen, die mit Gewalt auf andere losgehen. Man hat auch in der UNESCO und in anderen Gremien gemerkt, daß es auch Leute gibt, die helfen können, den Frieden heraufzuführen. Und der entscheidende Punkt ist ja dies, wenn wir nun unter Christen, Juden und Muslimen – wohl noch weitere Religionen hinzugenommen – in vielen Fragen des Glaubens nicht übereinstimmen – es ist nicht daran zu denken, daß es in absehbarer Zeit eine gemeinsame Religion geben kann, es ist auch gar nicht anzustreben, aber – es müßte doch Frieden zwischen den Religionen sein. Das ist nämlich der entscheidende Punkt, daß, wenn man die großen Traditionen vom Dekalog der hebräischen Bibel bis – also sagen wir mal – zum buddhistischen Kanon anschaut, daß da im Bezug auf das Ethos die ganz großen Reden dieselben sind. Und das wäre wiederum unendlich viel wert, wenn man jetzt konkret wieder wüßte: Was bedeutet das eigentlich heute? Auch für Kinder, die ja nur Gewalt am Fernsehen sehen, und wir in einer Zeit immer größerer Zahl von Kindermorden und Teenagermorden leben, daß das »Du sollst nicht töten« irgend einmal gesagt worden ist und natürlich auch wieder weiter gesagt werden müßte. Ich darf noch sagen, daß immerhin 1993 nun bereits dieses Parlament der Weltreligionen in Chicago eine ganze Erklärung zum Weltethos verabschiedet hat, das alle diese Dinge recht konkret beschreibt und beweist, daß hier ein Konsens möglich ist, natürlich ein Minimal-Konsens. Aber es wäre schon sehr viel, unendlich viel gewonnen, wenn diese minimalen Dinge wieder einigermaßen im Bewußtsein wären.

Janowski:
Herr Zink, Sie haben eine ganz andere Konsequenz gezogen mit Ihrem Engagement, schon vor Jahren, und einen Weg beschritten, um als Theologe glaubwürdig zu sein, oder vielleicht haben Sie sogar einiges an Theologie damit hinter sich gelassen. Sie sind einer Partei, den »Grünen«, beigetreten zu einer Zeit, als dies noch manchen ärgerte. Sollte sich ein Theologe nicht eigentlich der Parteipolitik enthalten, gefährdet er seine ethische und soziale Glaubwürdigkeit nicht, denn seine Predigt gilt ja allen?

Zink:
Ich sehe nicht ein, was der Grund sein sollte, warum er sich enthalten sollte. Ich bin ein Bürger dieses Landes. Ich habe Teil an den Rechten und Pflichten, die alle Bürger dieses Landes teilen. Zu den Rechten gehört, daß man sich einer Versammlung anschließt, in der man meint, seine Intentionen verwirklichen zu können, und wenn das eine Partei ist. Wenn es ein sozialer Verein ist, hat niemand etwas dagegen. Wenn es eine Partei ist, ist es immer schwierig. Und unsere Kirchen haben ja in den entscheidenden Phasen der politischen Entwicklung der letzten vierzig Jahre ihren Pfarrern ständig nahegelegt: Bitte, seid still, bitte, sagt nichts, bitte, haltet euch zurück, ihr ärgert irgendwen. Ich sehe das nicht ein. Ich habe als Junge schon gesehen, was mit der Landschaft meiner Heimat geschieht, an Straßenbau, an Zerstörung, an Gift. Ich habe danach einen Krieg erlebt, in dem wir mit unseren Panzern quer über die Ackerfelder bis vor Moskau gefahren sind. Und ich habe seitdem erlebt, wie eine ganze Gesellschaft das Erbe auffrißt, das sie ihren Kindern und Enkeln schuldig wäre, und daß wir immer das, was jetzt bewältigt werden mußte, dadurch bewältigen, daß wir die fälligen Arbeiten und Aufträge und Opfer unseren Kindern zuschieben. Das ist doch das Prinzip, nach dem bei uns im Land

Politik gemacht wird. Ich habe 1965 schon im Fernsehen ein paar Filme gebracht über die Zerstörung der Umwelt, der Schöpfung. Es ist für mich zunächst ein theologisches Thema und dann auch ein politisches. Dann habe ich gesehen, daß keine einzige Partei dieses Landes dieses Problem ernsthaft anging, nicht einmal sah, geschweige denn anfing. Und es war für mich ein großes Erlebnis, wie sich 1979 plötzlich ein Haufen junger Leute zusammengeschlossen hat und gesagt hat: Wir nennen uns »Die Grünen«, unser Symbol soll die Sonnenblume sein und nicht der Adler, das Raubtier. Wir wollen dafür sorgen, daß für unsere Kinder und Enkel noch etwas übrig bleibt von Luft und Wasser und Erde. Ich bin beinah Gründungsmitglied, ich habe mich damals dieser Bewegung angeschlossen, unter anderem deshalb, weil die gesamte Erwachsenenwelt bis heute den jungen Leuten vorwarf: Ihr seid Chaoten, ihr seid Zerstörer, ihr macht alles kaputt, was wir politisch aufgebaut haben. Und da fand ich, es müsse auch ein paar alte Leute geben, die für die Jungen reden. Das habe ich dann gemacht, sehr zum Ärger meiner Kirchenleitung.

Janowski:
Haben Sie es denn eigentlich bereut? Heute gehören »Die Grünen« ja zum Establishment.

Zink:
Ich habe später Schwierigkeiten gehabt, mich bei »den Grünen« wohlzufühlen. Und zwar zu dem Zeitpunkt, als die Reste der 68er Bewegung bei »den Grünen« die Regie ergriffen haben. Da wurde dann vieles verfälscht, und da war die Umwelt plötzlich nicht mehr ganz so wichtig wie die Veränderung der Gesellschaft. Da kam dann viel Illusionäres hinein, was ursprünglich in der ökologischen Politik gar nicht drin war. Ich habe mich dann kaum mehr beteiligt, ich habe nur hin und wieder ein bißchen beraten. Ich habe mir auch manchmal überlegt, ob ich aus dem elenden Haufen heraustreten solle, bin dann drinnen geblieben, weil ich mir nichts davon versprochen habe auszutreten. Jetzt sehe ich, wie sich diese Bewegung wieder

fängt, wie sie real wird und praktisch und verantwortlich, und ich habe bisher keinen Grund, in einer anderen Partei das zu suchen, was ich gesucht habe, nämlich eine ernsthafte Friedenspolitik und eine ernsthafte Umweltpolitk. Ich bin natürlich uralter SPD-Wähler gewesen, aber bitte, wo könnte ich heute bei der SPD das alles finden? Das müßte mir mal einer erklären. Aber, wie gesagt, jeder andere hat das Recht, sich in anderen Parteien zu engagieren, und ich hoffe, daß viele Pfarrer das tun. Denn wenn wir etwas dazu zu sagen haben, dann sollte das bitte laut werden. Wieso behaupten wir, wie es millionenfach behauptet worden ist, ein Pfarrer sollte seinen Mund halten, wenn er nichts von Politik versteht? Freunde, wir sind eine Demokratie. Und in einer Demokratie geht man davon aus, daß jeder Bürger etwas von Politik versteht. Daß nicht die Experten das Recht auf Politik gebucht haben, auf Kosten aller anderen. Ich bin ein Mensch dieses Landes und ein Bürger, und deshalb habe ich in der Politik mitzureden.

Janowski:
Jetzt noch ein Stück Wegs zurück. Frau Sölle, Ihre Generation hat ja den Weg in die Theologie angetreten unter dem Eindruck eines tiefgreifenden Erlebnisses des Todes, des Krieges, der Vernichtung, des Holocaust, des Völkermords. Warum führte Sie diese Erfahrung, das wundert mich manchmal, nicht eigentlich von Gott weg?

Sölle:
Mich hat vor kurzem eine israelische Schriftstellerin genau dasselbe gefragt. Sie hat gesagt, bei uns in Israel sind die meisten Menschen nicht mehr gläubig genau deswegen, und Du behauptest, deswegen Christin geworden zu sein? Ich denke, man muß sich fragen, was waren denn in dieser Situation die Alternativen, was hätte ich denn sonst werden können? Welche Optionen hat man denn im Leben eigentlich? Für mich war die reale Alternative Nihilismus, den ich z.B. von Albert Camus gelebt, empfand. Ein heroischer, ethischer Nihilismus, vor dem ich größten Respekt hatte. Und trotzdem war mir das zu kalt, zu

fern in seiner Beziehung zum Grund des Daseins, zu abstrakt. Ich hatte etwas im Kopf, eine Dimension, erahnt eigentlich mehr, die jetzt noch nicht zur Sprache gekommen ist, nämlich die, was es eigentlich bedeutet, Gott über alle Dinge von ganzem Herzen, von ganzem Gemüte zu lieben. Was das eigentlich heißt, daß es so etwas wie einen »amour fou«, wie eine absolute, verrückte Liebe, eine Liebe, die eigentlich nichts bringt, weder Geld noch Güter oder Gaben und auch nicht »happy« macht, wie mein Freund Metz vorhin sagte. Es ist eine Liebe zum Grund des Daseins, zu diesem Mysterium des Glaubens – oder wie immer Ihr das nennen wollt, die Wörter spielen eigentlich eine untergeordnete Rolle. Aber ohne diese Grundliebe ist weder Ethik noch Kirche irgend etwas wert und wird auch nicht bleiben, sondern wird zugrunde gehen. Die Reformation hatte ja immer gesagt, so was wie Atheismus gibt's eigentlich gar nicht. Wenn die Leute sagen, ich glaube nicht an Gott, glauben sie eben ans Kapital, das ist ja sehr weit verbreitet, diese Meinung, daß wir geboren sind, um wirtschaftsfähig zu sein. Das ist das neue Ideal des »homo oeconomicus«. Er ist dazu da, um Geschäfte zu machen, und zwar gute. Und diese Art von Götzendienst, die bei uns absolut die herrschende ist, die möchte ich eigentlich nicht mitmachen, ich möchte anders leben. Und ich glaube, viele Menschen haben eine Sehnsucht danach, ganz anders zu leben. Und das beginnt doch nicht mit einer Veränderung der Eßgewohnheiten oder irgendwelcher anderer ethischer Fragen im engeren oder weiteren Sinn, sondern das beginnt doch auf einer spirituellen Ebene, die ich Mystik nenne, und ohne die wird sich nichts ändern unter uns, auch mit unserer Lebensweise nicht. Wir werden die Erde zugrunde richten, so lange es diese Spiritualität, von der Jörg Zink gerade gesprochen hat, nicht gibt und niemand die Schöpfung so liebt, wie das Geheimnis des Lebens es tut.

Janowski:
Können Sie noch ein paar Worte dazu sagen, wie verläuft eigentlich der Weg, wie ist der Zusammenhang von dieser mystischen Vergewisserung dann zu dem, was Sie manchmal Politi-

sierung des Gewissens im Widerstand nennen? Ein Weg, den Sie ja gegangen sind, – ist der eigentlich übertragbar oder ist die Situation heute nicht wirklich eine ganz andere, so wie Sie sie ja auch schildern nach Auseinandersetzung mit Ökonomie und Kapital mit einer sehr einseitig gewordenen Welt?

Sölle:
Ich finde eigentlich bestätigt, was ich meine. Wenn diese Welt überleben wird, wenn unsere Kinder oder Enkelkinder noch Wasser trinken können, dann brauchen wir ein anderes Grundverhältnis, und müssen an dem weiterarbeiten ... – was soll denn eigentlich Theologie, wenn dieser Theos dafür nicht eintritt? Wenn wir dieses Geheimnis des Lebens, diese Gottheit nicht bestürmen mit unseren Wünschen, Hoffnungen, Klagen, wenn wir also nicht eine andere Sprache finden, das zu tun, und ich glaube einfach, man kann nicht verzichten auf so etwas wie Religion. Und das führt, wenn es ernst genommen wird, tatsächlich zu dem, was ich mit einem großen Wort »Widerstand« nenne, das hat zu Sophie Scholl und Dietrich Bonhoeffer geführt und zu Oscar Arnulfo Romero und Martin Luther King, und vielen, vielen anderen, genau dahin, wo sie »nein« sagten zu dieser Welt, wie sie jetzt ist, zu ihrer Barbarei. Und die das so klar sagten, wie sie es mit ihrem Leben, ihrem Leid, ihren Gewohnheiten, ihren Steuern tun konnten. Da war eine Leidenschaft drin für das Absolute, eine Passion. Um die geht es eigentlich, und die führt nicht in eine abgekehrte Innerlichkeit, das halte ich für Pseudomystik. Ich würde mich da abgrenzen wollen von einem Augen schließenden, total auf das Ego sich konzentrierenden Willen. Ich meine, die lästige Nachbarin, die häßliche Nächste von nebenan, die gehört ins Herz der Gottheit, jedenfalls in unserer Tradition.

Janowski:
Frau Moltmann, Sie haben das, was Frau Sölle jetzt schildert, eigentlich – soweit wir mal darüber haben sprechen können, in einer ähnlichen Weise gesehen, aber doch etwas anders. Sie plädieren für eine Art neues Denken, eine neue Rationalität, wie Sie das nennen, und die soll eigentlich darauf hinauslau-

fen, daß das Liebesgebot: »Liebe deinen Nächsten wie dich selbst« zunächst einmal beinhaltet – auch die Selbstachtung und die Selbstliebe. Erst dann ist die Voraussetzung für die Fremdachtung geschaffen. Das Fixiertsein auf den Sünder, der der Gnade und der Vergebung bedarf, meinen Sie, ist das ein bißchen lähmend? Ist das eigentlich noch eine biblische Perspektive auf das Leben?

Moltmann-Wendel:
O ja, ich meine, das ist genau die biblische Perspektive, denn diese Sünder/Sünderintheologie, die sich im Laufe der Kirchengeschichte entwickelt hat, wurde z.B. in diesem schrecklichen Dogma der Erbsünde von Regierungen benutzt, um Menschen ohnmächtig und abhängig zu halten. Das hat Elaine Pagels sehr schön dargestellt. Das sind die politischen Zusammenhänge zwischen Sündertheologie und politischer Macht. Ich möchte einfach einen Keil dazwischen setzen und sagen: Wir sollten da anfangen, wo Jesus eigentlich begonnen hat. Er ist gekommen, um diese Schöpfung wieder ganz zu machen. Er heilte, machte Menschen wieder heil und ganz, er richtete sie auf, und wir sollten wie Matthew Fox, von dem Herr Zink auch sprach, es gesagt hat, beim »original blessing«, dem ursprünglichen Segen der Schöpfung, beginnen und nicht bei der »original sin«, der Erbsünde. Das scheint mir ungeheuer wichtig, nicht aus irgendeinem Fündlein neuer Theologie heraus, sondern um die vielen Aufgaben, die wir hier zu hören bekamen, überhaupt erfüllen zu können, sonst können wir es nicht. Wenn ich nicht das Gefühl habe: Ich bin gut, ganz und schön, wie ich es oft gesagt habe, und kann unbekümmert mit gutem Gewissen an die Dinge gehen, dann kann ich es auch nicht schaffen. Dann möchte ich noch ein Wort dazu setzen, das mir wichtig ist: Die Ganzheit des Menschen – Kopf und Körper – gehören zusammen, dazu gehören die Füße, die Hände, die Sinne, die völlig vergessen sind. Sie werden nur katholisch etwas angesprochen, aber nicht evangelisch, und meistens auch nur falsch. Für mich fängt da etwas an, das ich mit »Lust« beschreiben möchte. Wenn ich mit katholischen Menschen zusammen bin und das Wort »Lust« in den Mund

nehme, dann merke ich, da gib's ein Zittern, es ist wie eine Angst vor der Lust, denn sie ist mit Sünde besetzt. Wir müssen diese Dinge erst wieder entdecken, die so tief in unserer Seele verschlossen sind, weil sie verboten sind, und wieder zu dieser Lust und Leidenschaft zurückfinden. Das möchte ich noch zu Dorothee hinzusetzen: Zur Leidenschaft gehört für mich auch die Lust. Ohne Lust kann auch keine Leidenschaft entstehen. Aber das sind verbotene Bereiche, die vielfach mit mißverstandener Sexualität zusammenhängen, die aber für mich tief im Evangelium, auch im Alten Testament, vorhanden sind. »Habe deine Lust an dem Herrn«, was heißt denn das?

Metz:
Wenn ich vom katholischen Lebensgefühl her kurz was dazu sagen darf, wenn das gestattet ist, liebe Elisabeth ...

Moltmann-Wendel:
Es ist gestattet.

Metz:
Kürzlich wurde ich in einer ähnlichen Sendung gefragt: Metz, Sie sind doch ein gescheiter Mensch, warum sind Sie katholisch? »Eben deshalb«, habe ich ebenso frech geantwortet und auch sonst einige saloppe Gründe zur Konfessionsdifferenz genannt: Weil ich nicht ganz so deutsch sein muß wie die Protestanten, dann, weil ich als Katholik etwas mehr vom Jüdischen weiß im Christentum. Und vor allem, und nur deswegen sage ich es hier: Ich kann ungenierter essen und trinken. Also, Elisabeth, ganz stimmt das mit dem Zittern nicht. Zum Essen und Trinken und Kochen gehört natürlich auch noch Liebe. Und das sind die Dinge, die zusammengehören.

Janowski:
Ja, Herr Metz, machen wir einen Sprung. Sie haben öfter geschrieben und davon gesprochen, daß nicht nur die Lust, weder des Essens noch des Trinkens noch des Kochens, sondern eben auch das Leiden – auch natürlich die Anschauung des Leidens

Christi – eine befreiende Erfahrung aus sich heraussetzen kann, eine befreiende Kraft haben kann. Die Erinnerung des Leidens, so reden Sie manchmal, kann – also auch das Gedächtnis der Kirche an das Gelittene – kann der Impuls zur Veränderung der Verhältnisse sein. Wie machen Sie das eigentlich plausibel?

Metz:
Lassen Sie es mich so sagen: Jesus hat sich mit seinen Parabeln sozusagen ins Herz der Welt hineinerzählt – für Gläubige und Ungläubige. Zu den Geschichten, die gewissermaßen zu Hintergrundsgeschichten geworden sind unserer gesamten Kultur, gehört sicher eine Parabel wie die vom Barmherzigen Samariter, die Geschichte von den Augen, von der Aufmerksamkeit für fremdes Leid, von der Bereitschaft, der Autorität eines Leidenden mehr zu gehorchen als dem Ruf nach dem Tempel; ich denke da an den Priester und den Levit, die »im höheren Interesse« an dem unter die Räuber Gefallenen vorübergehen. Es ist die Geschichte von einer Mystik, wie man sie bei Jesus lernen kann; ich habe sie schon oft eine Mystik nicht der geschlossenen, sondern der offenen Augen genannt, wahrnehmungsfähig für fremdes Leid. Und wenn wir schon von dem in der Kirche aufbewahrten Gedächtnis reden, dann müßte dieses Gedächtnis unbedingt immer ein wesentliches Stück Leidensgedächtnis sein, ganz unsentimental, im Blick auf fremdes Leid. Eigentlich ist es ja selbstverständlich, daß der, der die Auferweckung des Christus so hört, daß er dabei den Schrei seiner Passion vergißt, natürlich nicht das Evangelium hört, sondern eine Art Siegermythos.

Und von daher meine ich nun, daß das christliche Leidensgedächtnis – vor allem als Erinnerung fremden Leids – in der Tat etwas zu tun hat mit unserem heutigen politischen Leben. Schon heute morgen habe ich auf etwas hingewiesen, das ich gern hier wiederholen möchte: Leidenserinnerungen, selbstbezügliche Leidenserinnerungen, die immer nur die eigene Leidensgeschichte erinnern, sind gefährlich. Sie wirken politisch zerstörerisch und wissen natürlich überhaupt nichts vom messianischen Gebot der Feindesliebe. In Jugoslawien haben sich alle Ethnien immer nur auf ihre eigene Leidensgeschichte bezogen und sie jeweils gegen die andere Volksgruppe ausgespielt. Das konnte nur katastrophisch enden. Das bleibt natürlich auch eine kritische Frage an die dortigen religiösen, christlichen Institutionen. Aber es gibt in der heutigen politischen Welt auch Gegenbeispiele: Sie erinnern sich gewiß an das erste Händeschütteln zwischen Arafat und Rabin, wo beide sich gegenseitig versichert haben, sie würden nun versuchen, eine Politik des Friedens zu gestalten, in der sie nicht nur an ihre jeweiligen eigenen Leiden denken, sondern bei ihrem Handeln immer auch die Leiden der anderen, der bisherigen Feinde, nicht vergessen wollen. Eine solche Einstellung hat etwas mit den biblischen Traditionen zu tun.

Das spielt, meine ich, in unserer gegenwärtigen Situation eine große Rolle. Wir leben, so sagen viele, in einem Stadium der moralischen Erschöpfung Europas. »Universelle Moral«, wie das einmal die europäische Moral war, in der die politische Aufklärung und die Zehn Gebote vom Berg Sinai miteinander verbunden sind, die soll's eigentlich nicht mehr geben. Sie wird von kritischen Intellektuellen sogar als »moralische Falle« denunziert.

Dem halten wir als Christen einen ziemlich hochfahrenden Satz entgegen, der etwa heißen könnte: Eigentlich gibt es überhaupt kein Leid in der Welt, das uns gar nichts angeht. Für solche Sätze kriegt man Prügel, das ist heute unvermeidlich. Doch wenn man genauer zuschaut und zuhört, dann ist dieser Satz eigentlich ein Basissatz aller großen rechtsstaatlichen Demokratien, denn er ist eigentlich nichts anderes als die moralische Wendung des ernstgenommenen Satzes von der Gleichheit aller Menschen. Und wenn wir ihn nicht ernst nehmen, kann es uns passieren, daß die multikulturelle Landschaft Europas eines Tages eine brennende und nicht eine blühende Landschaft sein wird. Oder daß unser Europa eben keine Friedenslandschaft bleiben wird, sondern eine Landschaft eskalierender Bürgerkriege werden könnte. Deshalb frage ich Sie, ob wir da nichts einzubringen haben aus unseren Traditionen, die zurückgehen bis zu jener Parabel Jesu, von der ich gerade ausgegangen bin.

Und wenn ich noch schnell zu Hans Küng was sagen darf: Ich meine, daß dieser Respekt vor dem fremden Leid eigentlich auch eine Brückenkategorie, eine Basiskategorie in der Begegnung von Religionen und Kulturen sein kann, vielleicht sogar sein muß. Ich kenne keine große Kultur und keine große Religion, die nicht von diesem Respekt geprägt ist. Und ich kenne keinen Anspruch auf Wahrheit, dem ich mich beugen würde, der nicht immer auch bereit wäre, das fremde Leid in dieser Wahrheit zu berücksichtigen und zur Sprache zu bringen.

Janowski:
Aber bleibt da nicht eigentlich auch ein Rest? Man muß ja nicht nur an die Ermordung von Rabin denken. Wie werden Sie fertig damit, daß das Leiden eben nicht zu verhindern ist, daß das Morden eben weitergeschieht? Alte, berühmte Frage, die wir hier nicht beantworten können, aber zu der Sie vielleicht doch noch in diesem Zusammenhang Stellung nehmen können.

Metz:
Also, hier kann ich eigentlich nur ein Stück weit so antworten, wie vorhin Dorothee Sölle schon etwas gesagt hat. Wissen Sie, wenn das Christentum nur eine Moral wäre und keine Hoffnung, wenn es sozusagen nur eine Inszenierung von Ethik wäre – das ist viel – und nicht von Eschatologie, wie die Theologen sagen, dann wüßte ich wirklich nichts zu sagen, was mich da nicht in die Skepsis, vielleicht auch in die Resignation treiben würde.

Janowski:
Sie merken, wir reden hier in einer Sprache, die nicht unbedingt die Sprache der theologischen Tradition und der theologischen Zunft ist. Das ist kein Zufall. Auf der anderen Seite gibt es eben eine theologische Sprache, die sehr viele Menschen geprägt hat und noch prägt, mit vielen Worten, die manchen unverständlich geworden sind: Gnade, Vergebung, Rechtfertigung, Sünde. Gnade und Sünde, Herr Professor Jüngel, könnten Sie uns da ein bißchen aufhelfen und dieser alten theologischen Sprache die Zunge lösen? Sünde, was ist das eigentlich?

Jüngel:
Sie meinen, ich bin hier für das Alte und Unverständliche zuständig?

Janowski:
Nein, aber für dessen Erlösung aus seiner babylonischen Gefangenschaft der Sprache.

Jüngel:
Nun gut, als Schulmeister, der ich nun einmal bin – das ist ja eine schöne Berufsbezeichnung für einen ordentlichen Theologieprofessor, Schulmeister zu sein – will ich das schon versuchen.

Was ist Sünde? Sünde ist ein theologischer Ausdruck für das Böse. Das Böse aber kann man nur erkennen vom Guten her. Wer sagen will, was böse ist, der muß wissen, was gut ist. Theologisch zugespitzt formuliert: Die Sünde in ihrer ganzen Unheimlichkeit und Bösartigkeit kann man nur da erkennen, wo sie vergeben wird. Das ist sehr wichtig für die Grundeinstellung zum ganzen Phänomen, denn dann fällt ganz von selbst dieser moralische Zeigefinger weg, mit dem man einen Menschen auf das Böse, das er getan hat, fixieren will. Menschen auf das Böse, das sie getan haben, fixieren zu wollen, das ist pfäffisch. Und wir haben als Theologen Pfarrer auszubilden und nicht Pfaffen. Von daher muß die ganze Bemühung um das Böse darum kreisen, daß wir es vom Guten her zu bestimmen versuchen, also vom Evangelium her, und da kann man zunächst einmal ganz grob sagen: Böse ist alles, was aggressiv ist gegen das Gute. Kierkegaard hat einmal in zugespitzter Form gesagt, Sünde sei dies, daß man sich selbst das Gute nicht gönnt, das Gott einem zugedacht hat. Und ich füge hinzu, Sünde ist natürlich auch dies, daß man es dem anderen nicht gönnt. Was aber ist das Gute? Aus den Zusammenhängen der biblischen Texte wird man vielleicht viererlei sagen können:

1. Gut ist nach biblischem Zeugnis das, worauf man sich unbedingt verlassen kann. Und das, worauf man sich unbedingt verlassen kann, das heißt im Hebräischen Wahrheit. Die Wahrheit ist das unbedingt Verläßliche. Und von daher wäre die Ur-

gestalt des Bösen, die Urgestalt der Sünde, die Lüge – nicht die intellektuelle Lüge, die auch – nein, die Lebenslüge, die alles vergiftet und alles zersetzt und die ja vorhin in den verschiedenen Voten von Dorothee Sölle sehr eindringlich und eindrücklich uns vor Augen geführt worden ist.

2. Gut ist, zu sein und nicht vielmehr nicht zu sein. Das Böse wäre dann diejenige Aggression gegenüber dem Sein, die nein sagt zu dem, was Gott geschaffen hat. Und das beginnt bereits da, wo das Sein in seinem Zusammensein problematisiert wird. Sein ist ja immer Zusammensein.

3. Das Gute ist Sein als gelingendes Zusammensein, nicht als Gleichschaltung des anderen, nicht als Uniformierung, das das andere ausschaltet. Die von Küng nicht so hochgeschätzte Trinitätslehre ist ein gutes Beispiel dafür, was Sein als Zusammensein bedeutet, nämlich eine Gemeinschaft gegenseitigen Andersseins. Und der Mensch als Gottes Ebenbild sollte ebenfalls fähig sein zur Gemeinschaft gegenseitigen Andersseins. Das Böse ist die Zersetzung dieses Zusammenseins, dieses Beziehungsreichtums. Böse ist der Drang in die Beziehungslosigkeit, in die Verhältnislosigkeit, der das Zusammensein zerstört.

4. Gut ist, von Gott nicht nur geschaffen zu sein, sondern gewollt zu sein und bejaht zu sein. Zu wissen: Du bist gewollt und bejaht, das ist gut. Und böse ist dementsprechend, da nein zu sagen, wo Gott ja gesagt hat. Und daraus wären dann einige Folgerungen zu ziehen für das, was Vergebung der Sünden heißt.

Janowski:
Ja, inwiefern ist eigentlich Vergebung mehr als 'ne Psychotherapie.

Jüngel:
Die Psychotherapie bedarf des Arztes, die Vergebung bedarf des allmächtigen Gottes. Das ist ein erheblicher Unterschied. Zwar kann man sich auch Gott in der Rolle des Arztes vorstellen. Das geschieht ja in der Heiligen Schrift durchaus sehr eindrücklich. Aber Vergebung der Sünden ist ein Rechtsakt. Dieser Rechtsakt besagt, deine sündige Vergangenheit geht dich nichts mehr an,

du bist ihrer ledig. Auch ein Aspekt von Mystik übrigens: Dieses Ledigsein gegenüber der eigenen Vergangenheit. Du kannst dich sehen lassen, und niemand hat das Recht, dich nun erneut auf diese sündige Vergangenheit zu fixieren. Auch du selbst hast nicht mehr das Recht, dich nun erneut auf diese sündige Vergangenheit zu fixieren. Aber das ist nur das eine, der Rechtsakt. Das zweite, das nun sofort folgen muß, ist dies: Vergebung der Sünden ist ein Liebesakt. Der Beziehungsreichtum, der durch das Böse, durch die Aggressivität, durch die privatio boni im Sinne eines Raubes am Guten zerstört worden ist, dieser Beziehungsreichtum des Lebens wird durch Vergebung der Sünden wieder hergestellt. Wo alle Beziehungen enden und alle Verhältnisse kaputt gehen, schafft nur die Liebe neue Beziehungen. Die Liebe ist deshalb wirklich die einzige kreative Macht. Und in diesem Sinne ist Vergebung der Sünden das Geschehen eines Liebesaktes. Luther hat formuliert, wo Vergebung der Sünden, da ist Leben und Seligkeit. Leben, das heißt bejaht sein durch Gott, und Seligkeit, das heißt Ganzsein, im Frieden mit Gott und mit der ganzen Schöpfung sein, also auch im Frieden mit mir selbst sein: Shalom.

Sündenvergebung macht jene Ganzheit erst möglich, die Sie, liebe Frau Moltmann, ja mit Recht apostrophiert haben. Ich verstehe, wogegen Sie sich wenden. Ich möchte aber vorsorglich anmerken, daß die Gefahr eines Mißverständnisses sehr groß ist, nämlich als ob man die Sünde dadurch aus der Welt schafft, daß man sie verschweigt.

Sölle:
Darf ich dazu etwas sagen?

Janowski:
Ja, das wird uns ein bißchen in Zeitbedrängnis bringen, aber sagen Sie es, Frau Sölle.

Sölle:
Ich habe da einen großen Meister der Kürze im Kopf zu dem, was sie eben über das Böse gesagt haben. Das war mir etwas zu

vorpolitisch und zu freundlich. Der Meister, von dem ich viel gelernt habe, heißt Bertholt Brecht, und der hat gesagt: »Das Böse hat eine Adresse, es hat eine Telefonnummer«. Ich wollte das nur einmal hereinwerfen, um zu klären, daß wir der Aufklärung über das Böse nicht entraten können und daß es auch nicht außerhalb der Theologie nur stattfindet, sozusagen ganz woanders. Wir sind nicht nur die uns selbst Anklagenden. Die Benennung der Namen und der Adressen des Bösen ist ein Geschäft, das politische Geschäft schlechthin.

Jüngel:
Völlig einverstanden. Deshalb habe ich heute früh als Aufgabe für die Zukunft die Ausarbeitung einer Kategorientafel des Bösen gefordert, die genau das leistet. Man muß nur wissen: Das Böse verkehrt unter den besten Adressen. Nicht wahr, es verbirgt sich unter den besten Adressen! Es ist gar nicht so einfach, die Adresse jeweils zu nennen. Wir wollen jetzt keine Beispiele nennen.

Janowski:
Frau Moltmann auch noch.

Moltmann-Wendel:
Wir haben eine sehr klassische Erläuterung von Vergebung dargestellt bekommen, die für mich von einem autoritären Gottesbild ausgeht. Ich möchte hier nur einwerfen, daß das für viele Menschen heute höchst fragwürdig ist. Das mag in theologischen Fakultäten noch gelehrt werden, aber es ist an vielen Bereichen, wo heute Kirche stattfindet, nicht mehr diese Vorstellung, und das muß auch gesagt werden.

Jüngel:
Also, solange ich in den theologischen Fakultäten lehre, wird das gelehrt werden, das ist wohl wahr, jedoch nicht, was Sie darunter verstehen. Gott als Inbegriff von Liebe, das wird man doch schlecht autoritär nennen können. Der, der da, wo alle Beziehungen zerbrechen, neue Beziehungen schafft, autori-

tär? Nein, das ist ein Klischee, und die Klischees sollten wir uns abgewöhnen.

Moltmann-Wendel:
Also, Erich Fromm sagt, Vergebung und Sünde, das gehört zusammen und stammt aus einem autoritären Denken. Heilung und Krankheit gehören zusammen, und das entspricht heutigen Menschen viel mehr. Und das ist für mich sehr christlich-jüdisch. Wir müssen nur sehen, daß Vergebung und Sünde eine Sache ist und daß sie auch anders, nicht autoritär, ausgedrückt werden kann.

Jüngel:
Ich bestreite ja, daß das autoritär ist, Frau Moltmann. Daß sie das auch anders ausdrücken können, bitte sehr, dagegen ist nichts zu sagen. Aber der Vorwurf, daß das autoritär sei, ist nicht recht.

Janowski:
Das können wir jetzt im Augenblick nicht mehr lösen. Ich denke, wir sollten doch nochmal auf den Geist und die Gemeinschaft zu sprechen kommen. Und von der Gemeinschaft der Christen redet Philip Potter normalerweise gern mit dem Petrusbrief als von dem Haus der lebendigen Steine. Dieses Haus wird allerdings heute mehr und mehr erbaut werden zwischen zwei Fronten: fundamentalistische Gruppen auf der einen Seite, enthusiastische und charismatische Bewegungen auf der anderen Seite. Welcher Geist wird dieses Haus eigentlich durchwehen?

Potter:
Wenn sie sind, was sie gegenüber Christus sind, dann muß man erst einmal Mittel und Wege finden zusammenzuleben. Verschiedene Steine müssen in dieses lebendige Haus eingebaut werden. Ich glaube, ganz wichtig ist dabei folgendes: Man muß auch einen gewissen Sinn für Humor haben. Wenn die Menschen sich selbst zu ernst nehmen und gar nicht mehr offen sind, gar nicht mehr frei sind, so, als gehörten sie zu Christus

mit all ihren Überzeugungen, dann können sie gar nicht leicht zusammenkommen. Aber ich glaube, die Aufgabe besteht eigentlich darin, wie man denn zusammen Menschen unter ein Dach bringt, die unterschiedliche Meinungen vertreten und die dadurch, daß sie einander zuhören, daß sie voneinander etwas empfangen, dann auch feststellen, daß sie doch in dasselbe Haus gehören. Wir haben ja eigentlich von jeher diese sehr strikten Stellungnahmen gehabt, also, wenn sie so sind, dann ziehen sie sich in die eigene Ecke zurück und dann bleiben sie da. Das ist nun nicht das Haus der lebendigen Steine, keineswegs. Sie haben vielleicht unterschiedliche Farben, Formen, aber Christus hat sie geformt und hat sie zu einem Teil dieses Gebäudes gebildet. Und wenn wir das in unserer Kirche in der Karibik erlebt haben, ist das sehr schön.

Janowski:
Wie können wir eigentlich, Herr Moltmann, diesen Geist in unserer Kirche erneuern, wenn bei uns tatsächlich Religion immer mehr zur Privatsache wird? Es ist nicht nur sozusagen eine öffentliche Lehre, daß es so ist, sondern es ist ja tatsächlich ein solcher Trend zu registrieren.

Moltmann:
Wir haben Religion in verschiedenen politischen Formen gehabt. In der Christlichen Welt war Religion jahrhundertelang »Staatssache«. Das Christentum war seit Kaiser Konstantin Reichsreligion. Nach der Reformation galt der Grundsatz »cujus regio – ejus religio«, oder: die Obrigkeit bestimmt die Religion des Landes. Erst seit der Aufklärung und der Französischen Revolution wurde das Menschenrecht auf Religionsfreiheit entdeckt und durchgesetzt. Der Staat hat keine Kompetenz in Religionsfragen. Die Entscheidung liegt beim Individuum. Folglich wurde Religion zur »Privatsache« erklärt. Heute wird im Zuge der globalen Vermarktung aller Dinge auch die Religion zum Angebot. Sie wird zu einer »Marktsache« der seelischen Dienstleistungen. Die moderne, »multireligiöse« Gesellschaft ist eine religiöse Marktgesellschaft. Jeder nimmt sich

von den verschiedenen Religionen, was er oder sie gerade brauchen können. Religionen im Angebot fordern nichts mehr. Das ist christlicher Glaube ohne die Forderungen der Bergpredigt und ohne politische Nachfolge. Der Glaube an den gekreuzigten Gott paßt in keine dieser politischen Formen von Religion. Wer von der Staatsgewalt gekreuzigt wurde, kann nicht gut zum Gott einer Staatsreligion werden. Religion mag zur Privatsache werden, christlicher Glaube in der Nachfolge des Gekreuzigten nicht. Religion mag heute gut vermarktet werden. Christlicher Glaube aber ist widerständig. Warum? Weil wir das Leben lieben und seine Würde mehr ist als ein Marktwert. Die Theologie der Zukunft kann sehr gut eine »Theologie des Lebens« werden, denn das Leben ist heute von Gewalt tödlich bedroht. Es entsteht im Christentum und außerhalb eine neue »Ehrfurcht vor dem Leben« und der Wille, es zu schützen. Die das Leben wirklich lieben, brechen mit den Normen der vermarkteten Gesellschaft, denn was man wirklich liebt, das kann man weder kaufen noch verkaufen.

Janowski:
Ich wollte Sie auch darauf ansprechen, was mit der Vision des Reiches Gottes eigentlich gemeint ist und was heute unter ihr verstanden werden kann. Das gehört ja eigentlich hierher. Christus hat ja nicht die Privatsache und die Religion in der Nische gepredigt, sondern das Reich Gottes. Und was hat das eigentlich mit der Kirche zu tun?

Moltmann:
Von dem katholischen Modernisten Alfred Loisy stammt der Satz: »Jesus predigte das Reich Gottes, und was kam, war die Kirche«. Das klingt wie eine Enttäuschung, muß es aber nicht sein. Die Kirche, die sich am universalen Reich Gottes orientiert, versteht sich als Vorhut, als Anfang und Gleichnis des kommenden Reiches. Das Reich Gottes und seine Gerechtigkeit sind universal. Darum muß die Kirche nach der Barmer Theologischen Erklärung der Bekennenden Kirche von 1934 »die Regierenden und die Regierten«, ich füge hinzu: die Vermarkter

und die Vermarkteten, an Reich und Gerechtigkeit Gottes »erinnern«. Das ist die öffentliche, prophetische Aufgabe der Kirche des Reiches Gottes und dafür brauchen wir eine politische oder eben öffentliche Theologie. Der Ausdruck »Reich Gottes« ist ein Symbol. Wir können das, was gemeint ist, auch mit »Leben«, ganzem, geheiltem, angenommenem, ewigem Leben bezeichnen. In den großen Gefahren, in denen sich nicht menschliches Leben, sondern das ganze Gewebe des Lebens auf dieser Erde befindet, ist es eine Aufgabe der Glaubenden und der Liebenden, das große göttliche Ja zum Leben, das wir in Christus und im Heiligen Geist des Lebens finden, auszubreiten, die Lust am Leben zu erwecken und das Gedächtnis nicht nur der Leiden, sondern auch der Auferstehungen zu bewahren.

Janowski:
Ungelöste Probleme, offene Fragen. Es sind zum Teil eigentlich alte Fragen, die wir jetzt in dieser Bilanz dieser Generation benannt haben, die sich neu und zugespitzt stellen. Viele Menschen begeben sich ja angesichts der als freudlos und inhaltsleer empfundenen Kirchen und einer unverständlichen Theologie auf eigene Faust heute auf die Suche nach innerer Festigkeit, nach dem Sinn ihres Daseins und nach Trost angesichts der Gefährdung ihres Lebens. Denn welch ein eindeutig quälendes Bewußtsein der Mitschuld an der Verelendung vieler Menschen nah und fern, der Gleichgültigkeit auch gegenüber der Ausbeutung der Natur machen sich breit! Aber Wege aus diesen Gefahren zeigen sich kaum. Weitermachen bietet sich an, haben wir gehört, aber das ist ja kein Ausweg, sondern eher eine Katastrophe. Gehören die christlichen Theologien, so muß man sich fragen, und die Kirche eigentlich zu den Mitverursachern dieser Entwicklung? Tragen sie auch eine Mitverantwortung für die Folgen und wollen sie sie übernehmen? Und dies trotz der vielen bewegenden Zeugnisse und Zeugen, die es in der Kirche und in der Theologie als Wissenschaft gibt. Die hier anwesenden Theologinnen und Theologen haben sich dieser Verantwortung gestellt, und sie werden dies weiterhin tun. Sie

sehen vor sich eine nötige Transformation der Kirche, einen Auszug aus alten Gemäuern, aus Lebensform und Finanzierungsgewohnheiten. Es wird ein Weg gefunden werden müssen zwischen den Fronten einer religiös gewordenen säkularen Welt und den zivilen Religionen unserer nationalen, nachindustriellen Gesellschaften.

Das war's. Auf Wiedersehen!

Bericht über das Symposium

Harald Meesmann

Eberhard Jüngels Gesichtsausdruck sagt alles: Muß das jetzt wirklich sein? Die eh schon leicht nach unten hängenden Lippen reichen noch tiefer, in den Augen liegt gespielter Verdruß, ein angedeutetes Stirnrunzeln, das Gesicht, als ganzes erstarrt, drückt Abwehr aus. In dieser Mimik spiegelt sich die leicht gequälte Frage: Soll ich hier jetzt tatsächlich den Fehdehandschuh ergreifen und den Streit beginnen?

Natürlich will er. Jüngel kokettiert ein wenig. Der renommierte evangelische Dogmatiker aus Tübingen spielt lediglich den Zögerlichen, den Unwilligen. Im Grunde streitet er ganz gerne. Die Lacher hat er jedenfalls auf seiner Seite. Und also sagt er, zu seiner »Freund-Feindin« Dorothee Sölle gewendet, indem er immer wieder mit dem Zeigefinger seiner rechten Hand energisch auf den Tisch pocht: »Politisierung des Gewissens? Ja! Aber«, und der Mann richtet sich zu seiner ganzen sitzenden Größe auf, »ich wehre mich mit Leidenschaft dagegen, daß ein anderes Gewissen mir sagt, wie mein Gewissen urteilen sollte.« Fast donnernd folgt der Satz: »Gewissen ist immer meins. Das ist das Gewissenhafte am Gewissen!« Der Protestant hat gesprochen.

Dorothee Sölle, am anderen Ende des Tisches sitzend, schüttelt heftig den Kopf. Die Theologin aus Hamburg, ebenfalls Protestantin, beugt sich ein wenig zu ihrem Kontrahenten hinüber, lächelnd zwar, aber doch mit Schärfe in der Stimme: »Was heißt hier: Das Gewissen ist immer meins? Ich bin doch stets in eine Gemeinschaft eingebunden.« Und sie fragt, den Blick auf die rund vierhundert Zuhörer gerichtet: »Wie weit darf der Individualismus gehen?« Gewissen, Sünde – für Dorothee Sölle haben diese traditionsreichen Begriffe immer und in erster Linie eine politische Dimension.

Jürgen Moltmann, zwischen den beiden sitzend, übernimmt den Part der erklärenden Vermittlung. Mit ruhiger Stimme sagt der gebürtige Hamburger, daß man nicht davon absehen könne, daß jedes einzelne Gewissen in einem kollektiven »Verblendungszusammenhang« stehe. Daraus ergebe sich eine Spannung: zwischen dem urteilenden Individuum einerseits und den objektiven Widersprüchen der Gesellschaft andererseits.

Doch wie mit dieser Spannung konkret umgehen? Das Problem wird an diesem Vormittag nicht gelöst und auch nicht weiter diskutiert.

Eberhard Jüngel aber sucht weiter den Streit. Es macht ihm sichtlich Spaß. Da stelle Dorothee Sölle also die Allmacht Gottes in Frage. Eine höchst bedenkliche Position, signalisiert das Timbre in der Stimme Jüngels. Diese Allmacht Gottes sei durchaus »nicht obsolet«, meint er und verweist auf Martin Luther, der immerhin von der Ermächtigung des Menschen durch (den mächtigen) Gott gesprochen habe.

»Theologie nach Auschwitz«? Dieses für Dorothee Sölle so zentrale Stichwort ihres theologischen Arbeitens benutze er nicht. »Ich möchte Auschwitz nicht instrumentalisieren«, lautet Jüngels knappe Begründung. Doch weil das Böse in der Welt im Blick auf die Zukunft und das Überleben der Menschheit in der Tat eine eminente Herausforderung darstelle, beschäftige er sich damit, eine »Kategorientafel des Bösen« zu erstellen: Man muß dem Feind genau ins Auge schauen, um ihn stellen zu können. Oder anders gesagt: Man muß das Böse kennen, um es zu lassen.

Als Jürgen Moltmann davon spricht, daß man in Kirche und Theologie endlich von der Vorstellung Abschied nehmen müsse, daß Religion Privatsache sei, wirft Eberhard Jüngel zornig ein: »Welcher halbwegs bedeutende Theologe behauptet denn so was?« In seinen Augen ist die Mahnung seines früheren Fakultätskollegen ein theologischer Ladenhüter.

Ja, es wird auch gestritten bei diesem Symposion in Tübingen, das die Evangelisch-Theologische Fakultät der *Eberhard-*

Karls-Universität aus Anlaß des 70. Geburtstages von Jürgen Moltmann veranstaltet: ein theologischer Schaukampf mitunter, ein wenig inszeniert fürs Publikum, aber doch mit einem harten Kern an Meinungsverschiedenheiten. Und ein seltenes Ereignis zudem: Denn es ist immerhin gelungen, neun prominente Theologinnen und Theologen, prägende Gestalten der Nachkriegstheologie, Vertreterinnen und Vertreter einer Theologengeneration, die heute zwischen 60 und 70 Jahre alt ist, zu gleicher Stunde und an gleichem Ort unter der ruhigen und zurückhaltenden Moderation des Journalisten Hans Norbert Janoswski zu versammeln. Und dies zu der Frage: »Wie ich mich geändert habe«. Die Idee dazu hatte Elisabeth Moltmann-Wendel, die Ehefrau des Jubilars. Der Untertitel ist dann wieder akademischer formuliert: »Biographische Wege der Theologie in der zweiten Hälfte des 20. Jahrhunderts«.

Der freundlich-helle Hörsaal im Theologicum in der Liebermeisterstraße ist bis auf den letzten Platz besetzt, viele müssen stehen. Die Veranstaltung wird auch in den Vorraum übertragen. Der ganz große Ansturm aber ist ausgeblieben. Viele junge Leute sind gekommen, sie hören gespannt zu. Werden vor allem die Herren Professoren in der Lage sein, wirklich persönlich zu werden, ein Stück ihres individuellen theologischen Werdegangs plastisch werden zu lassen? Jeweils zu dritt, in drei Runden, treten sie an diesem 8. Juni, einem Samstag, an. Und es wird tatsächlich ein spannender Tag. Hinter der akademischen Theologie bekommt – mal deutlicher, mal eher indirekt – der Mensch, der Mann oder die Frau, mit seiner beziehungsweise ihrer Lebensgeschichte klarere Konturen. Wobei man im Blick haben muß, daß solche Rekonstruktionen des eigenen Lebens immer auch ein Stück konstruiert, als Konstruktionen sind.

»Sie sehen mich jetzt erbleichen«, sagt Eberhard Jüngel, der den Anfang macht. Er nimmt auf Bertolt Brechts Geschichte vom Herrn Keuner Bezug, die Jürgen Moltmann in seiner Begrüßung erwähnt hat. In dieser kurzen Geschichte trifft Herr Keuner einmal einen Bekannten, den er lange nicht mehr gesehen hat. Und als der sagt, er, Keuner, habe sich ja gar nicht geändert, da erbleicht Herr Keuner.

»Auch ich habe mich nicht geändert«, sagt Eberhard Jüngel mit spitzbübischem Gesichtsausdruck. Wenn man ihn richtig versteht, dann ist es die unbedingte Verpflichtung auf die Wahrheit (des Evangeliums, aber nicht nur des Evangeliums), die er als sein theologisches Charakteristikum bezeichnet. Das hat mit seiner Herkunft zu tun. Jüngel ist in der früheren DDR großgeworden, in einem Elternhaus, das kein Interesse an der Religion gezeigt hat. »Ich habe die evangelische Kirche als einzigen Ort in der stalinistischen Gesellschaft DDR entdeckt«, sagt er, »wo man ungestraft die Wahrheit sagen konnte, so ähnlich wie im Kabarett.« Wer versucht habe, den Zwang zur Lüge zu durchbrechen, der habe es mit der Staatssicherheit zu tun bekommen, so wie er selbst, der wegen gesellschaftskritischer Äußerungen Anfang der 50er Jahre vom Gymnasium flog. »Der Sozialismus war verlogen, weil die Widerrede nicht gestattet war. Die Kirche war der institutionelle Ort der Wahrheit.« Kein Wunder also, daß Eberhard Jüngel heute sagt, daß für ihn die politische Dimension des Christlichen darin liege, »der Wahrheit zu ihrem Recht zu verhelfen«. Daß der real existierende Sozialismus in Gestalt der DDR inzwischen zusammengebrochen ist – für den streitlustigen Tübinger Systematiker ist auch dies ein Beweis dafür, daß sich die Lüge (als System) letztlich nicht durchsetzt.

Der redegewandte Protestant offenbart den aufmerksamen Zuhörern dann aber auch, daß ihm das unmittelbare Erleben des weißen Rassismus in den südafrikanischen Townships die »politische Theologie« nähergebracht habe. Anfangs habe er gegen die »Klerikalisierung der Theologie von links«, durch die politische Theologie, gewettert, gibt Jüngel zu, in Südafrika sei er dann »eines Besseren belehrt« worden. »Man muß notfalls«, ruft der Mann mit den kurzen grau-blonden Haaren und der kräftigen Stimme aus, »eine inhumane Situation mit Gewalt verändern«, aber das könne nur von jedem einzelnen subjektiv entschieden werden.

Eberhard Jüngel hat noch den Philosophen Martin Heidegger gehört, mit »meinem Lehrer« Karl Barth, dem umstrittenen großen protestantischen Kirchenlehrer, bei einem Glas Wein (oder mehreren) über Gott disputiert. Und im Gegensatz zu Heidegger ist der Theologe Jüngel der festen Überzeugung, daß die Sprache beim Nachdenken über Gott nicht verstummen muß. »Die Theologie«, sagt er, »muß Aufklärung leisten im Lichte des Evangeliums, nicht der Vernunft, aber im kritischen Dialog mit der Vernunft.« Und sie müsse sich, damit die Erde nicht zur Hölle werde, intensiver mit dem Phänomen des Bösen beschäftigen.

Dorothee Sölle, in einem langen türkisblauen Sommerkleid erschienen, leicht gebeugt gehend, findet auch in Tübingen zu jenen scharfen Formulierungen, für die sie bekannt ist: »Gottes Geist weht nicht in den theologischen Fakultäten, sondern bei den Protesten gegen die Castor-Transporte«, sagt sie mit ihrer leicht brüchigen Stimme. Und: Sie habe »die typische Frauenkarriere gemacht, nämlich keine«. Sie spricht von ihrer »Kirchenfeindschaft« in den frühen Jahren – heute habe sie im Blick auf die Kirche wieder etwas mehr Hoffnung –, von ihrem Widerwillen gegen das »Jenseitsgesäusel« der Theologen, von ihrem »Entsetzen«, daß viele Theologen nach dem Holocaust einfach so weitermachten wie vorher. Sie erzählt von ihren Lehrerinnen und Lehrern: der Bultmann-Schülerin Marie Veit, die ihr mit viel Geduld die Theologie erschlossen habe, von Friedrich Gogarten, der sie gelehrt habe, »abgegriffene theologische Begriffe abzulegen«, von dem Exegeten Ernst Käsemann, mit dem zu streiten »nicht schwer« sei.

Die grauhaarige Frau mit den leicht zusammengekniffenen Augen erzählt vom »Politischen Nachtgebet« aus den sechziger Jahren, jener neuen Form des Gottesdienstes, in der über politische und gesellschaftliche Vorgänge informiert und zu Widerstand und Veränderung aufgerufen wurde. Diese Gottesdienstform war für Dorothee Sölle eine »theologische Konsequenz aus Auschwitz«. Wir haben damals die theologische Rede von der Sünde neu verstanden«, ruft sie aus. »Das, was wir nicht *tun,* trennt uns von Gott, das ist die Sünde.« Beim Politischen Nachtgebet wurde das Gewissen »politisiert«, hier sei »politische Theologie« entstanden und praktiziert worden – eine »schöne Zeit«, fügt Dorothee Sölle mit leiserer Stimme hinzu.

Geprägt wurde diese kleine, energisch auftretende Frau aber auch vom Feminismus, den sie in den USA kennenlernte, und vom Ökumenismus. Die Theologische Rede von der »Allmacht Gottes« hält sie heute für einen Ausdruck des »Männerwahns«, für eine männliche Projektion auf Gott. Dreißig Jahre habe sie gebraucht, um dies zu erkennen. Feministische Sichtweisen hätten ihr ein »differenziertes Verständnis von Macht« eröffnet: Gute Macht ist jene Macht, die andere ermächtigt«, erläutert sie. Es geht ihr um die Größe und Würde des Menschen, die in der Gefahr ist, vor Gott schnell kleingemacht zu werden.

Der Begriff »politische Theologie« sei ihr heute abhanden gekommen, sagt sie, die »Theologie der Befreiung« sei an seine Stelle gerückt. Und wie zur Erklärung, was ihr an dieser theologischen Richtung so imponiert, ruft sie ins Auditorium: »Wir brauchen Dazwischenredner! Wir müssen kritische Fragen stellen!«

Am Ende ihres Statements bekennt Dorothee Sölle, daß ihr heute ein mystisches Verständnis des christlichen Glaubens wichtig geworden sei. Sie nennt es die »Gotteserkenntnis aus dem Experiment«, eine im Alltag des politischen Widerstands gelebte Mystik, also: Gottesbeziehung.

Und dann wieder so eine glasklare Formulierung, die Dorothee Sölle bei vielen Menschen so umstritten sein läßt, was sie aber nicht weiter zu stören scheint, anderen wiederum gerade imponiert: Angesichts des »Endsiegs des Kapitalismus« bleibe nur die christliche Hoffnung – Ausdruck ihrer mystischen Haltung im Jahre 1996.

Auch Jürgen Moltmann, der inzwischen emeritierte evangelische Systematiker, hat – wie übrigens Eberhard Jüngel und auch Dorothee Sölle – im Hamburger Elternhaus keine religiöse Zurüstung erhalten. Die Frage nach Gott als existentiell brennende Frage tauchte – für diese Generation nicht untypisch, wie sich noch zeigen wird – im Zweiten Weltkrieg auf, als kritische Anklage und Nachfrage: Wo bist du Gott in all dieser Zerstörung und diesem Elend? In der Kriegsgefangenschaft, durch eine prägende, »Mut machende« persönliche Begegnung, fand Jürgen Moltmann, wie er sagt, zum Studium der Theologie, er, der eigentlich Physik und Mathematik studieren wollte. »So begann ich nach dem Krieg in Göttingen mit dem Theologiestudium, bei Kerzenschein, wegen der Stromsperre«, erzählt er mit weicher Stimme und in schnell aufeinanderfolgenden Sätzen. Die Kirche habe ihn weniger interessiert. Erst die *Bekennende Kirche* habe ihn überzeugt. Moltmann fand dort und in der Gemeinschaft der Bruderkirchen seine geistige Heimat.

Geprägt unter anderem von Otto Weber, Dietrich Bonhoeffer, Christoph Blumhardt und Ernst Bloch – »es gibt im Protestantismus mehr als Karl Barth« –, entwickelte Moltmann ein besonderes theologisches Sensorium für die gesellschaftspolitische Dimension des christlichen Glaubens. Seine Stichworte sind: »Reich-Gottes-Theologie« und »weltliche Predigt von Gott«. »Da hat sich«, so sagt der kleine, etwas distinguiert wirkende Herr mit der dunklen Brille, »viel durchgehalten in meinem Leben.«

Sein Buch »Theologie der Hoffnung« hat Jürgen Moltmann in weiten Kreisen bekannt gemacht. »Ich wollte nicht Ernst Blochs ›Prinzip Hoffnung‹ taufen, sondern ich wollte innerhalb der Theologie eine parallele Diskussion eröffnen«, erläutert der Theologe seine Beweggründe zu diesem Buch, um dann folgendes Bonmot zum besten zu geben: »Eine der scharfsinnigsten Besprechungen meines Buches fand ich nach der Wende in den Stasi-Unterlagen. Das Urteil des Rezensenten: Das Buch sei für Christen in der DDR zu revolutionär.« Gelächter der Zuhörer.

Jürgen Moltmann, zusammen mit seiner Frau Initiator dieses Symposions, zählt dann in rascher Folge wichtige Stationen auf, die ihn zu theologischen Einsichten und Reaktionen herausgefordert haben: der christlich-marxistische Dialog innerhalb der *Paulus-Gesellschaft* zum Beispiel, die vorwärtsdrängende Parole »Mehr Demokratie wagen« in der sozialliberalen Aufbruchzeit, für die der Name des SPD-Politikers und ehemaligen Kanzlers Willy Brandt steht, das brutale Ende des »Prager Frühlings« 1968, die unverständliche Pillen-Enzyklika »Humanae vitae«, das Zweite Vatikanische Konzil mit neuen Perspektiven für die Ökumene, der Mord am Schwarzenführer Martin Luther King. Und Moltmann gibt dann zu: »Meine große Hoffnung, daß ein Sozialismus mit menschlichem Antlitz und die Sozialdemokratie zusammenkommen könnten, die ist enttäuscht worden.«

Auch für diesen schöpferischen protestantischen Denker – »ich war immer etwas einseitig« – ist die Erkenntnis bestimmend geworden, daß die Theologie nach Auschwitz eine andere sein müsse, als vor der Judenvernichtung. Seine Frage lautete in diesem Zusammenhang: Ist Gott leidensunfähig? Es entstand das Buch »Der gekreuzigte Gott«, das die Botschaft vom mitleidenden Gott entfaltet. »Denn meine Frage war: Was bedeutet das Kreuz Christi für Gott selbst?«

Auffällig ist, daß Jürgen Moltmann – genauso wie Dorothee Sölle, Johann Baptist Metz oder Norbert Greinacher – wichtige Impulse für seine »theologische Existenz« in Lateinamerika gefunden hat. Ein »Wendepunkt« seines Lebens, bekennt Moltmann, sei die Teilnahme an einer Theologen-Konferenz in Mexiko gewesen, 1977. »Da habe ich erkannt«, sagt er, »daß ich im Grunde nirgendwo hingehöre: Ich bin nicht unterdrückt, ich bin nicht schwarz, ich bin keine Frau.« Und so hat er sich dann in Deutschland der Friedens- und Umweltbewegung zugewandt, sich in ihr und für sie engagiert, um einer »Theologie des Lebens«, wie er sie nennt, Ausdruck zu geben.

Am Ende seiner rasch vorgetragenen Gedanken gibt Jürgen Moltmann auf die selbst gestellte Frage, was denn sein grundlegendes Motiv in der theologischen Arbeit sei, eine schlichte Antwort: »Neugier.«

Johann Baptist Metz, der jetzt in Wien lehrende katholische Theologe – er zählt neben Jürgen Moltmann zu den Begründern der politischen Theologie –, hat diese Neugier seines evangelischen Theologen in der Nacht vor dem Symposion, als alle bei einem Glas Wein zusammensaßen und sich kabbelten, aufgespießt: »Du weißt doch über das Innenleben Gottes mehr als über das deiner Elisabeth!« eröffnete Metz unter dem schallenden Gelächter der Zuhörer den nächtlichen Disput. Moltmanns Replik: »Und daß du so wenig über Gott wissen willst, lieber Baptist, das verstehe ich nun wieder nicht.«

Die zweite Runde wird eingeläutet, der Saal füllt sich nach der kurzen Pause wieder. Es ist vor allem Johann Baptist Metz, der jetzt besonders deutlich macht, wie sehr eine grundlegende Kriegserfahrung sein theologisches Denken geprägt hat. Mit 16 Jahren zum Militär »gepreßt«, sei er eines Tages vom Kompanieführer weggeschickt worden, um eine Botschaft zu überbringen. Als er zurückgekehrt sei, habe er sämtliche Kameraden tot vorgefunden. Sie waren Opfer eines alliierten Angriffs geworden. »Ich erinnere meinen lautlosen Schrei«, sagt Metz in die gespannte Stille des Hörsaals. »Bis heute hat sich dieser lautlose Schrei durchgehalten«, fügt der Mann mit dem rundlichen Gesicht und der tiefen Stimme hinzu, weshalb er auch angetreten sei, bei diesem Symposion darüber zu sprechen, was ihn gerade nicht verändert habe in seinem Leben. Damals jedenfalls seien alle seine Kindheitsträume, gewachsen auf dem Boden seiner bayerisch-kräftigen Heimat, zerfallen. »Die Kategorie der Gefahr ist für mich zentral geworden«, sagt er und macht zugleich verständlich, warum für ihn die »Theodizee-Empfindlichkeit«, also das Gespür für die kaum zu beantwortende Frage, warum Gott das Leiden in der Welt zuläßt, wichtigster Ausweis einer überzeugenden Theologie geworden ist. »Das ist«, sagt Metz, die Aussage Jüngels aufnehmend, »meine Wahrheitsperspektive« in der Theologie.

Und auch bei Metz taucht es wieder auf, das Stichwort »Theologie nach Auschwitz«. Es ist verbunden mit der Frage nach dem Leid der anderen, auch nach dem Leid der ungesühnten Opfer der Geschichte. Sie beschäftigt ihn vor allem. »Heilt die Theologie alle Wunden?« fragt der Theologe. Er stellt diese Frage so, daß die Antwort nur ein Nein sein kann.

Die große Herausforderung lag auch für Metz darin, die Erfahrungen, Einsichten und Klagen der Menschen (und Theologen) in der sogenannten Dritten Welt in seine theologische Arbeit einzubeziehen. Metz, der besonders lebendig und spontan wird, wenn er frei spricht, gibt zu, daß er »den Mund etwas zu voll genommen« habe, als er im Modell der Basiskirche, wie es sich in Lateinamerika ausgebildet hat, ein Modell der Zukunft auch für die Kirche in Europa gesehen habe.

Heute, so vermittelt er seinen Zuhörerinnen und Zuhörern in Tübingen, gehe es darum, den Schmerz und das Leid überall in der Welt sensibel wahrzunehmen, ohne dabei einer Leidensromantik zu verfallen. »Haben wir eine Kultur«, fragt der ehemalige Münsteraner Professor, »die die Geheimnisse der anderen, der anderen Kulturen, anerkennt?«

Johann Baptist Metz, der gute Formulierungen liebt und dabei manches Mal eine sehr eigene Sprache entwickelt, nennt als roten Faden seiner Biographie die »memoria passionis«, die Erinnerung an das Leid(en). »Die christliche Erlösungsbotschaft erledigt diese Frage nicht«, beschwört er die Zuhörer, »es bleibt der lautlose Schrei vor dem dunklen Antlitz Gottes.« Da die Frage nach dem Warum keine Antwort erhalte, bleibe nur das Gebet: als Klage, als Schrei.

Mit Elisabeth Moltmann-Wendel kommt ein neuer, ein ganz anderer Akzent in die Diskussion. Daß sie mit Metz beziehungsweise er mit ihr dann später eine kleine Kontroverse austrägt, ist nicht überraschend. Denn mit Schuld, Erbsünde und Leid hat es die feministische Theologin derzeit nicht. Ganz im Gegenteil. Der »Theologie der Leiblichkeit«, die ihr in den letzten Jahren so wichtig geworden sei, gehe es um Ganzheit, um Schönheit, um Angenommensein, um die soziale Würde des Körpers, der heute bedroht sei von der Folter, der Armut und der sexuellen Gewalt. Auch mit der Selbstliebe, der Annahme der eigenen Person und des eigenen Körpers, habe dieses Thema zu tun. Metz wird dieses Stichwort später aufgreifen.

Jetzt sitzt die Frau im weißen Sommerkostüm zwischen Metz und Norbert Greinacher und erzählt mit roten Backen davon, daß ihre Familie von der Bekennenden Kirche geprägt gewesen sei, untereinander verbunden in der entschiedenen Ablehnung der Nationalsozialisten; daß sie ein Bild von Pastor Martin Niemöller als »eine Mischung von Heiligenbild und Maskottchen« mit sich herumgetragen habe; daß sie der Kirche eher mißtrauisch begegnet sei, dann aber doch 1945 in Berlin mit dem evangelischen Theologiestudium begonnen habe. Später dann ging sie nach Göttingen, dem »Mekka einer politischen und kirchenkritischen Theologie«. »Tübingen«, sagt sie schmunzelnd, »kam mir damals zu fromm und unpolitisch vor.«

Im Jahr 1951 promovierte die unverheiratete Theologin bei Otto Weber in Göttingen und wurde »virgo doctissima«, eine gelehrte Jungfrau, wie es in der Promotionsurkunde der Fakultät geschrieben stand. Die baldige Heirat mit Jürgen Moltmann versperrte ihr dann allerdings die angestrebte Pfarrerinnenlaufbahn. Damals gab es auch in der evangelischen Kirche Zölibatsklauseln.

Elisabeth Moltmann-Wendel macht an diesem Vormittag, während draußen langsam ein Gewitter aufzieht, am deutlichsten, wie sehr sie sich in ihrer Biographie verändert. Heirat, Kinder, Hausarbeit – und das theologische Interesse »erlahmte«. »Meine Persönlichkeit erlosch«, beschreibt die humorig-zupackend erzählende Frau ihre damalige Situation. »Meine Existenz und die Theologie hatten keine Berührungspunkte mehr.« Frauenschicksal.

Erst als die Kinder größer waren, nahm sie wieder Anstöße von außen auf: sie nennt die Menschenrechtsdiskussion in den USA, das neu aufbrechende Verständnis von der Partnerschaft zwischen Mann und Frau – man kann nur erahnen, welche neuen Perspektiven in dieser Theologen-Ehe damals aufgebrochen sein müssen. »So um 1968 herum«, erzählt sie, »diskutierten die Theologen plötzlich über das imperative Mandat, über die Stamokap-Theorie (staatsmonopolistischer Kapitalismus), über die Basisdemokratie. Die Frauenbewegung wurde zum Thema. Meine Welt drehte sich um 180 Grad. Ich war nicht mehr nur Ehefrau und Mutter.«

Und dann habe sie sich, wie Elisabeth Moltmann-Wendel sagt, »freigeschrieben«, alle ihre persönlichen Themen in Büchern verarbeitet. Ihr Motto dabei: Ein eigener Mensch werden, sich aus der Fremdbestimmung lösen, ein neues Selbstbewußtsein als Frau finden, die eigene Identität leben. Sie erwarb sich ihren Ruf als feministische Theologin, die zwischen den Fronten zu vermitteln sucht. »Wichtig war und ist, der Selbstliebe auch in der Kirche zu ihrem Recht zu verhelfen«, ruft sie ins Auditorium, jene Selbstliebe, über die der Reformator Calvin einmal gesagt hat, sie sei die »schädlichste Pestilenz«.

»Selbstliebe«, sagt Johann Baptist Metz in der sich anschließenden Diskussionsrunde zögernd und nachdenklich, »ist etwas Schwieriges. Ich bin nicht happy bei meiner Selbstwahrnehmung.« Dem Mann ist das, was die neben ihm sitzende theologische Freundin da gesagt hat, eher ein wenig suspekt, mindestens problematisch. »Gott macht nicht glücklich, das ist das Resultat meiner Selbstwahrnehmung«, sagt er dann ganz offen. »War Jesus glücklich mit seinem Vater?« Das werde man doch wohl noch fragen dürfen, wendet sich der katholische Priester und Theologieprofessor an die Zuhörer, die den ganzen Tag über ruhig und aufmerksam zuhören. Er sei da nicht sicher. »Es muß nicht immer alles gut werden, formuliert er seine kritische Skepsis gegenüber Elisabeth Moltmann-Wendels Ruf nach dem Positiven.

Die fragt ihren katholischen Kollegen gleich zweimal, freundlich insistierend, wo bei ihm in seiner Theologie, die Leiblichkeit vorkomme. Metz, polternd und aufbegehrend, halb im Spaß und halb im Ernst: Darüber habe er schon sehr früh geschrieben, »und das hast du doch auch schon zitiert«, fügt er in einem Unterton hinzu, als wolle er sagen: Gib ruhig zu.

Dann wehrt sich Metz dagegen, möglicherweise als selbstquälerischer Theologe zu erscheinen. »Nein, nein«, sagt er, »Leid ist nichts Tolles, ist kein Zeichen der Liebe, Leid ist etwas Schmerzliches, es führt ins Nichts. Und er kritisiert Dorothee Sölle und Jürgen Moltmann, die sich zu schnell einen »Begriff vom Leiden« machten. Er warne davor, das Leid ästhetisch zu überhöhen.

Die politische Relevanz seines Appells, das Leid der anderen sensibel wahrzunehmen, verdeutlicht Metz noch einmal eindrücklich am Beispiel des Jugoslawien-Krieges. Doch hätten sich die Völker gegenseitig vernichtet weil sie nur auf die *eigene* leidvolle Vergangenheit geschaut hätten und nicht imstande gewesen seien, auch die Leidensgeschichte der anderen (Volksgruppen) zu sehen.

Metz greift dann das derzeit wohl kontroverseste Thema unter Theologen auf: die Frage nämlich, ob Gott wirklich allmächtig ist. Auch die Rede vom solidarischen Gott könne das Problem der Allmacht Gottes nicht einfach lösen, wirft Metz gegen Jürgen Moltmann ein. Auch der solidarische Gott sei doch letztlich ein Sieger, auch der solidarische Gott habe Macht. So einfach also sei die Vorstellung von der Allmacht Gottes theologisch nicht zu erledigen. Der am Wiener Romano-Guardini-Lehrstuhl lehrende Theologe will, wie Eberhard Jüngel, an der Vorstellung vom allmächtigen Gott festhalten.

»Ich bin«, sagt Norbert Greinacher – in dieser zweiten Gesprächsrunde der dritte vorne auf dem Podium –, »Jürgen Moltmann und Johann Baptist Metz dankbar, ich sage das hier ganz ehrlich und redlich.« Die beiden Kollegen hätten ihm mit ihrer politisch ausgerichteten Theologie »ein Tor eröffnet«. Das war in den sechziger Jahren. »Mein Vater war zwar Universitätsprofessor, die Politik aber war ihm völlig fremd.« Greinacher, der noch ein Jahr in Tübingen katholische Pastoraltheologie lehrt, bevor er emeritiert wird, nennt seine Herkunftsfamilie »schwarz, wie Sie sich schwärzer gar nicht vorstellen können«. Aufgewachsen im katholischen Freiburg, studierte der heute weißhaarige Mann dort auch Theologie und wurde Priester.

Die inneren und äußeren Stationen seines Lebens benennt Greinacher mit theologischen Begriffen. Am Anfang stand die »universale Theologie«: »unglaubliche Erfahrungen« in Paris, das Kennenlernen der Arbeiterpriester, theologische Inspirationen durch den damaligen Pariser Kardinal Danielou, von Wien aus dann später Begegnungen mit osteuropäischen Theologen und Theologien. »Ich merkte«, resümiert Greinacher mit seiner gepreßten Stimme, »daß es noch etwas anderes gibt als die neuscholastische deutsche Theologie.«

Es folgte die Entdeckung der politischen Theologie, später dann der befreiungstheologischen. »Eine ganz wichtige Erfahrung« sei die Begegnung mit den Befreiungstheologen Gustavo Gutierrez und Leonardo Boff gewesen, die er über seine Mitarbeit bei der internationalen theologischen Zeitschrift *Concilium* kennenlernte. »Damals ist meine Liebe zu Lateinamerika entstanden«, sagt der mitunter etwas schwermütig wirkende Theologe, den in der Folgezeit immer wieder Studienreisen auf den amerikanischen Kontinent führten.

Das protestantische Milieu des schwäbischen Städtchens Tübingen, in das er 1969 als Professor kam, »ist mir gut bekommen«, sagt Greinacher. Es habe ihm die ökumenische Dimension der Theologie nähergebracht. In den letzten Jahren sei ihm dann aufgegangen, wie wichtig das »prophetische Element« für das frühe Christentum gewesen sei, was ihn die Frage nach dem Prophetischen in der Kirche heute stellen läßt.

Dann wird Greinacher nachdenklich. Er spricht stockender. Denn er bekennt: »Früher hatte ich einen fraglosen Glauben und eine im Grunde fraglose Theologie. Diese Fraglosigkeit ist mir in den letzten Jahren abhanden gekommen.« Warum? Den in seiner Kirche vielfach geschmähten Mann beschäftigt – das wird deutlich – derzeit besonders tief die Frage nach dem Warum des Leidens. Er nennt das große Erdbeben von Lissabon im 18. Jahrhundert, nennt den millionenfachen Völkermord an den Indios im 16. Jahrhundert, nennt den Holocaust an den Juden im 20. Jahrhundert. Ein wenig scheint ihm das Neue Testament Halt im Zweifel zu geben. »Wenn selbst die Jünger Jesu zweifelten, wie die Bibel berichtet«, sagt Norbert Greinacher, »dann darf es wohl auch einem Theologen erlaubt sein, einige Zweifel zu haben.«

Philip Potter, der schwarze Theologe aus Jamaika, wird leider kaum persönlich. Der langjährige frühere Generalsekretär des *Ökumenischen Weltrats der Kirchen* (ÖRK), der nach der Mittagspause, nach dem großen Regen, die letzte Runde eröffnet, verquickt die eigene Biographie vor allem mit den kirchenpolitischen und theologiepolitischen Stationen des Genfer Weltrats. Der Mann in dem grau-blauen Sommeranzug, der die deutsche Theologie gut kennt, zeichnet in englischer Sprache vor allem die Geschichte des Weltkirchenrates nach: die Entdekkung der weltweiten Basisbewegungen, der kontextuellen Theologien, der Befreiungsbewegungen in aller Welt, der Friedensbewegung, der internationalen Ökumene. Er erinnert an den weltweiten Kampf für die Menschenrechte, an das Programm für eine neue Gemeinschaft von Männer und Frauen in der Kirche und plädiert erneut für ein kritisches Verhältnis der Kirchen zu den Ausbeutungsstrukturen in der Wirtschaft vor dem

Hintergrund des Elends in den armen und unterentwickelten Ländern der sogenannten Dritten Welt. Philip Potter hat diese Stationen vielfach mitgeprägt, seine theologischen Akzente in die mitunter schwierigen Diskussionen beim Weltkirchenrat eingebracht. Den prophetischen Einspruch der Kirchen im wirtschaftlichen Bereich bezeichnet er als die »kritischste und wichtigste« Herausforderung, da viele Regierungen »Sklaven der Wirtschaft statt Diener der Menschen« seien. Die Armen, ruft er nachdrücklich aus, dürften nicht noch ärmer, die Reichen nicht noch reicher werden.

Was der Mann aus der Karibik, der zur Zeit mit seiner deutschen Frau in Stuttgart lebt, verdeutlicht, ist: Er, und viele andere mit ihm entdeckten damals, in den sechziger Jahren, den christlichen Glauben neu, indem sie »die Bibel in der einen Hand, die Zeitung in der anderen Hand« hielten. Mit anderen Worten: Auch für Philip Potter ist die Entdeckung der gesellschaftspolitischen Dimension und Relevanz des Glaubens eine wichtige Erfahrung geworden und eine Richtschnur für das eigene Tun.

Auf dem Weltkirchenrat aber sind Eberhard Jüngel und Hans Küng nicht so gut zu sprechen. Es sei »ein Skandal«, hatte Jüngel in seinem Statement gesagt, daß der Weltrat der Kirchen aus Rücksicht auf die russische Orthodoxie keine Theologie der Befreiung für Osteuropa entwickelt habe. Philip Potter kann darauf nur mit dem bekannten Hinweis auf die Praxis der »stillen Diplomatie« antworten, der sich der Weltrat bedient habe.

Und auch Hans Küng führt schwere Geschütze auf: Er spricht von der »unheiligen Allianz von Vatikan und ÖRK«, wenn es darum gehe, um der Diplomatie willen kritische Geister auszugrenzen. »Ich bin vom Weltrat nie eingeladen worden«, mokiert sich der Schweizer Theologe, den jede Leisetreterei in den Kirchen anwidert, in seiner ausgeprägt selbstbewußten Art.

Leisetreterei ist auch seine Sache nicht: Jörg Zink, der evangelische Publizist und Fernsehpfarrer, bezeichnet sich gleich am Anfang als »Schmuddelkind von der Straße«, eine Zinksche Umschreibung der Tatsache, daß er kein Hochschullehrer ist. Auch dieser Mann mit dem braungebrannten Gesicht, den schneeweißen Haaren und den durchdringenden Augen, der so zupackend formulieren kann, bezeichnet das Auftreten der politischen Theologie als »Befreiung für mich«. »Das Bedürfnis nach politischer Mitwirkung« habe sich dadurch in seinem Leben verstärkt, sagt er. Zink half beim Aufbau der Partei der *Grünen,* engagierte sich in der Friedens- und Ökologiebewegung, was die Spannungen mit der Kirchenleitung im Laufe der Jahre verstärkte. Die unweigerliche Folge: Zink quittierte 1980 von sich aus den Kirchendienst.

»Wichtig geworden ist mir auch die feministische Befreiungstheologie«, fährt der Theologe fort, um dann seine Mutter zu erwähnen, die ihm schon damals, als er noch ein Junge war von der »rechten Frau in jedem Manne, die nicht vernachlässigt werden dürfe«, erzählt habe. Unmittelbar nach dem Krieg, in jener »Atmosphäre verlegener Restauration«, sei über psychologisch-therapeutische Ansätze in der theologischen Wissenschaft eher gespottet worden. Das rechnet Jörg Zink zu jener »schlechen Vorbereitung auf die kommenden Zeiten«, die er heute in der Rückschau beklagt.

Verstärkt habe sich bei ihm, so fährt der große Kirchentagsredner fort, die Einsicht, daß sich die Konfessionen überholt haben. »Die Konfessionen sind doch toter, als sie glauben, heute gehen wir über ihre Mauerreste hinweg«, stellt er seine Einschätzung wohlartikuliert in den Raum. Hinter sich gelassen habe er auch die kirchliche Dogmatik eines Karl Barth. Er zitiert Eberhard Jüngel, der einmal gesagt habe: »So lang, nämlich 800 Seiten, kann die Wahrheit gar nicht sein.« Hinter sich lassen würde er gerne, so sagt er, das derzeitige »reaktionäre« Staat-Kirche-Verhältnis in Deutschland. Jörg Zink nimmt wahrlich kein Blatt vor den Mund.

Wie Dorothee Sölle so hat auch der »ungeduldige Einzelgänger« (Zink über sich) heute die Mystik neu entdeckt. Es ist eine Mystik, die sich der Schöpfung Gottes liebevoll und achtungsvoll verbunden weiß, für die eine Pflanze wichtiger ist als jedes Buch. Er habe mit dieser Wiederentdeckung der Mystik zu seiner »alten Wurzel« zurückgefunden, sagt Zink. Wichtig sei ihm, der den katholischen Theologen und Philosophen Romano Guardini als seinen »wichtigsten Lehrer« bezeichnet, dabei die Wiederentdeckung der mystischen Sprache der Bilder. Wer sich mit Bildern beschäftige, könne die wortlastige theistische, ganz auf Gott bezogene christliche Spiritualität erweitern, wirbt er für seine Position. Und dann ein typischer Zink: »Die rechte Gehirnhälfte der Theologen muß mehr sein als eine Trockenpflaume!«

Ob er sich geändert habe? Nun, sagt Jörg Zink, den jeweiligen theologischen Moden sei er nicht hinterhergelaufen, das empfehle sich auch nicht. Sein lebensgeschichtlich beglaubigtes Plädoyer lautet vielmehr: »Man muß als derselbe wiedererkannt werden.«

Hans Küng nimmt diesen Faden auf. »Semper idem, immer derselbe«, sagt der frühere Direktor des Tübinger *Instituts für Ökumenische Forschung,* das sei sein Motto nicht. Dieser Spruch habe allerdings im Wappen seines ersten großen Gegenspielers gestanden, des italienischen Kurienkardinals Ottaviani, des einstigen Leiters der Heiligen Römischen Inquisition, der heutigen Glaubenskongregation. Sicherlich sei Identität gefordert, aber nicht Konformität, formuliert Küng in seiner typischen Art. Der 70jährige mit dem gewellten grauen Haar und der gerunzelten, fast zerfurchten Stirn beginnt sogleich angriffslustig seine kirchenpolitischen und theologischen Spitzen zu verteilen.

Ihm könne man wahrlich nichts vormachen, ruft er unruhig und voller Energie, er sei ein »Insider reinsten Wassers«, kenne dieses römisch-katholische System zur Genüge. Keiner seiner Kollegen »auch hier in Tübingen« traue sich, das Problem der Unfehlbarkeit des Papstes aufzugreifen, regt sich Küng auf. Sie wüßten halt, was ihnen dann blühe, fügt er süffisant hinzu. Küng verweist auf sein Buch »Unfehlbar – eine Anfrage« und sagt: »Das ist jenes meiner Bücher, das ich heute noch einmal schreiben würde.« Kein Jota seiner kritischen Anfrage nimmt er zurück.

Zentral geworden sei für ihn, der vor allem bei Karl Rahner, Henri de Lubac und Yves Congar in die Schule gegangen ist, der protestantische Glaubenssatz von der »Rechtfertigung des Sünders vor Gott allein durch Glauben«. »Das ist«, sagt der ehemalige Konzilstheologe Küng, »meine Existenz: Man wird nicht durch Werke vor Gott gerechtfertigt, auch nicht durch theologische Werke.«

Der nächste Angriff: Er sei enttäuscht, daß an diesem Vormittag überhaupt noch nicht von der historisch-kritischen Bibelauslegung die Rede gewesen sei, der die fortschrittliche Theologie doch wesentliche Einsichten verdanke – was dann ja wohl auch für ihn persönlich gilt. Die Kluft zwischen Exegese und Dogmatik sei doch noch immer offenkundig. »Glaubt ihr denn«, wendet sich der Schweizer an seine Kolleginnen und Kollegen, »daß ihr die Dreifaltigkeit Gottes biblisch begründen könnt?« – »Ja!« schmettert Eberhard Jüngel, inzwischen in der zweiten Bankreihe sitzend, zurück. Die Zuhörer lachen. Darauf Hans Küng: »So erhält man dann also apologetische Antworten ohne jede Begründung.« Wieder allgemeines Gelächter. Die beiden befreundeten Theologen würden, wenn sie denn Zeit hätten, dieses Scharmützel sicher gerne fortsetzen. Ihre Dispute in den häuslichen vier Wänden lassen sich jedenfalls erahnen.

Hans Küng weiter: Man solle doch bitte das Anliegen der Kirchenreform nicht so geringschätzen, wie es Befreiungstheologen täten. Die würden sich noch sehr wundern. Auch der Weltkirchenrat bekommt noch einmal sein Fett ab: immer noch würden viele Christen dem Satz zustimmen, daß außerhalb der Kirche kein Heil zu finden sei, und auch der Weltkirchenrat traue sich an dieses Thema nicht heran, sagt Küng mit einem Seitenblick auf Philip Potter. Aber der ist ja schon lange nicht mehr im Amt des Generalsekretärs.

Am Ende seines Statements faßt Hans Küng sein theologisches Bemühen so zusammen: Sein Anliegen sei es stets gewesen, die verschiedenen theologischen Strömungen und Ansätze »zu integrieren«, das sei sein spezifisch »katholischer Weg« gewesen. Dann kann er sich einen weiteren frotzelnden Seitenhieb nicht verkneifen: »Ich gehe bei meinem theologischen Arbeiten langsam voran und springe nicht, wie Jürgen Moltmann, von Thema zu Thema.« Der hört's und feixt.

Schlußsatz des Tübinger Dogmatikers und Priesters, dem die eigene Kirche 1979 die Lehrbefugnis entzogen hatte und die nach wie vor keine Anstalten macht, diese in den Augen Küngs ungerechtfertigte Maßregelung rückgängig zu machen: »Mir macht das theologische Arbeiten Spaß, und ich hoffe, es geht noch lang so weiter.«

Irgendwann aber, in nicht sehr ferner Zukunft, werden diese Theologinnen und Theologen – leider – abgetreten sein. Dann wird, das war bereits in Tübingen zu spüren, eine Ära zu Ende sein. Dann werden diese Hochschullehrerinnen und -lehrer – eigenwillige und markante Persönlichkeiten, jede und jeder auf ihre und seine Weise –, die Generationen von Christen geprägt haben und die auch in ihren Kirchen wichtige, immer auch höchst umstrittene Akzente gesetzt haben, erinnernswerte, unverzichtbare Gestalten der Theologiegeschichte sein ... hoffentlich nicht allzu bald.

Vorbilder, Leitfiguren, sind auch heute gefragt. Aber sie sind seltener geworden. Auch unter den Theologinnen und Theologen, jedenfalls in ihrer herausfordernden Ausstrahlung auf die breite gesellschaftliche und kirchliche Öffentlichkeit. Schade ist das schon.